www.ingramcontent.com/pod-product-compliance
Lightning Source LLC
LaVergne TN
LVHW020445070526
838199LV00063B/4850
* 9 7 8 9 3 5 8 7 2 0 0 5 1 *

بھگت سنگھ

(سوانح)

مصنف:

دیا کشن گنجورؔ

© Taemeer Publications

Bhagat Singh *(Biography)*

by: Daya Kishan Ganjor

Edition: April '2023

Publisher & Printer:

Taemeer Publications, Hyderabad.

ISBN 978-93-5872-005-1

مصنف یا ناشر کی پیشگی اجازت کے بغیر اس کتاب کا کوئی بھی حصہ کسی بھی شکل میں بشمول ویب سائٹ پر اَپ لوڈنگ کے لیے استعمال نہ کیا جائے۔ نیز اس کتاب پر کسی بھی قسم کے تنازع کو نمٹانے کا اختیار صرف حیدرآباد (تلنگانہ) کی عدلیہ کو ہو گا۔

© تعمیر پبلی کیشنز

کتاب	:	**بھگت سنگھ (سوانح)**
مصنف	:	**دیا کشن گنجور**
صنف	:	سوانح
ناشر	:	تعمیر پبلی کیشنز (حیدرآباد، انڈیا)
زیر اہتمام	:	تعمیر ویب ڈیولپمنٹ، حیدرآباد
سالِ اشاعت	:	۲۰۲۳ء
تعداد	:	(پرنٹ آن ڈیمانڈ)
طابع	:	تعمیر پبلی کیشنز، حیدرآباد -۲۴
صفحات	:	۱۲۲
سرورق ڈیزائن	:	تعمیر ویب ڈیزائن

تمہید

مادرِ وطن کو آزاد کرنے کے لئے ہمارا طرز عمل دوسری جماعتوں سے کتنا ہی مختلف و متضاد کیوں نہ ہو، لیکن ہم میں سے کوئی سردار بھگت سنگھ ایسی متبرک ہستی کو کسی طرح فراموش نہیں کرسکتا جس نے طوق غلامی اُتار کر پھینکدینے کے لئے اپنی عزیز زندگی کا ہر ہر لمحہ اس مقصد کے لئے وقف اور جس نے اپنے گلے کو پھانسی کے پھندے کے نذر کردیا ہو تختۂ دار پر چڑھتے ہوئے بھگت سنگھ کا وہ آخری فقرہ جو انھوں نے مسکراتے ہوئے انگریز ڈپٹی کمشنر کو مخاطب کرتے ہوئے کہا تھا، ان کی شجاعت و استقلال کا بڑا زبردست ثبوت ہے

انھوں نے کہا ''ول مسٹر مجسٹریٹ، آپ نہایت خوش قسمت ہیں کہ آپ کو یہ دیکھنے کا موقع نصیب ہوا کہ انقلاب پسند ہندوستانی اپنے حصول مدعا کے لئے کیسی خوشی کے ساتھ موت سے بغلگیر ہوا کرتے ہیں''

سردار بھگت سنگھ

مقدمہ

سردار بھگت سنگھ کا خاندان اپنی قومی خدمات اور قربانیوں کے لیے ہمیشہ یاد کیا جائیگا
مہاتما گاندھی اور پنڈت جواہر لال نہرو کے بعد سردار بھگت سنگھ کی ہی ایسی ہستی ہے جس نے
بہت جلد سارے ملک میں شہرت حاصل کر لی اور جھبکا سکہ سب کے دلوں پر بیٹھ گیا
سردار بھگت سنگھ کا نام بچے بچے کی زبان پر تھا اور اُسکی تصویر ہر گھر میں لٹکتی تھی۔
حکومت بھگت سنگھ کی ہر دلعزیزی سے گھبرائی اور اُس کا نام و نشان مٹا دینے پر تل گئی۔
سرکاری احکامات جاری ہوئے کہ کوئی بھگت سنگھ کی یادگار نہ قائم رکھنے پائے بھگت سنگھ
کی تصویر اور سوانح عمری ضبط کر لی گئی اور وہ پرچے بھی ضبط کیے گئے جن میں بھگت سنگھ کا
ذکر خیر تھا۔ غرضیکہ حکومت نے بھگت سنگھ کو پھانسی دیکر بھی چین نہ لیا اور وہ ایسے ذرائع
کام میں لائی جن سے بھگت سنگھ کو لوگ بھلا دیں۔ بھگت سنگھ کا نام لینا بھی گناہ ہو گیا
لیکن ایک عزت دار قوم جو اپنی آزادی حاصل کرنے کے لئے جان توڑ کوشش کر رہی
ہے وہ اپنے شہیدانِ وطن کو کیسے بھلا سکتی ہے۔ بھگت سنگھ کی دلیری ہمارے دلوں پر
نقش ہو گئی ہے۔ اُس نے ایثار کا ایک بہت اونچا معیار قائم کیا ہے۔ اُس کا حکومت سے
یہ مطالبہ کہ مجھ کو پھانسی کے تختہ پر لٹکانے کے بجائے گولی کا نشانہ بناؤ قوم کی شان کو بڑھانے
والا تھا۔ وہ قائل نہ تھا وہ چھوٹی موٹی سازش کر کے انگریزوں کے دلوں پر محض دہشت طاری
کرنا نہیں چاہتا تھا۔ وہ حکومت کا باغی تھا۔ وہ ہندوستان کو آزاد دیکھنا چاہتا تھا۔ وہ
ہندوستان میں ایک نئی سوشل زندگی قائم کرنا چاہتا تھا اور سماج سے امیر غریب کا فرق مٹا دینا
چاہتا تھا اُس کے حوصلے بلند تھے اُس کا دل و دماغ صحیح تھا اُسمیں قوم کو منظم کرنے کا مادہ تھا
وہ بزدلوں کو بھی دلیر بنا دیتا تھا اُسمیں ایک ایسی کشش تھی کہ جو نوجوان اُس کے قریب آیا اُس کا

مطیع ہوگیا اور اُس کے نقش قدم پر چلنے کو تیار ہوگیا۔ دیگر انقلاب پسندوں اور بھگت سنگھ میں یہ ایک بڑا فرق ہے کہ اُس نے غیر معمولی طریقہ سے اِس بات کا اعلان کیا کہ ہندوستان کو بغاوت کرنے کا حق حاصل ہے۔ اُس نے اپنی کوئی بات چھپائی نہیں اور اپنی صداقت کے لئے موت کے گھاٹ اُترا۔ اُسکی دلیری ایک خاص چیز ہے جو ہمیشہ ہمارے لئے ایک مثال رہے گی۔ جو قوم ایک عرصہ سے غلام ہے جسمیں قومی حس باقی نہیں رہ گیا ہے، جو یہ سمجھتی ہے کہ پردیسی حکومت کا مقابلہ کرنے کی اُس میں تاب نہیں ہے جو قوم انگریزی شکل دیکھ کر خائف ہوجاتی ہے اُس قوم کے لئے دلیری کے ایسے کمیاب نمونے کتنے عزیز ہوتے ہیں اس کا اندازہ آسانی سے لگایا جاسکتا ہے۔ بھگت سنگھ کا نام سنتے ہی دلوں میں بجلی کوندجاتی ہے۔ تھوڑی دیر کے لئے انسانی کمزوریاں دور ہوجاتی ہیں اور ہر فرد وبشر اپنے کو جذبات کی ایک نئی دُنیا میں پاتا ہے۔ ایسے پاک ہستی کی یادگار قائم رکھنا قوم کا اوّل فرض ہے۔ میرے لائق دوست پنڈت دیا کشن گنجور نے بھگت سنگھ کی سوانح عمری کو اسی غرض سے لکھا ہے بہت محنت سے اُنھوں نے بھگت سنگھ کی زندگی کے حالات اور واقعات اکٹھا کئے ہیں اور خوشگوار اور دلچسپ زبان میں اُن کی زندگی کے حالات بیان کئے ہیں۔ مجھے قوی امید ہے کہ پنڈت جی موصوف کی کوشش کامیاب ہوگی اور نئی پشت بھگت سنگھ کی یادگار کو تروتازہ کرے گی اور ہندوستان کو آزاد کرنیکے لئے بڑی سی بڑی قربانیاں کرنے کو تیار ہوجاویگی

نرندیو

بھگت سنگھ کے متعلق مہاتما گاندھی کا ارشاد

(شہید بھگت سنگھ)

حالانکہ میں نے بھگت سنگھ کو لاہور میں بارہا ایک طالب علم کی حیثیت سے دیکھا ہوگا۔ لیکن اب مجھ کو اُن کی شکل یاد نہیں ہے یہ میری خوش قسمتی تھی کہ میں نے پچھلے مہینوں میں بھگت سنگھ کی دیش بھگتی۔ اُن کی ہمت اور باشندگان ہند سے اُن کی گہری محبت کی کہانیاں سُنی ہیں

میں نے اس معاملہ میں جو کچھ سُنا ہے اُس سے میں سمجھتا ہوں کہ اُنکی ہمت کا اندازہ لگانا غیر ممکن ہے

اُنکے اوصاف کی وجہ سے ہم یہ بات بھول جاتے ہیں کہ اُنھوں نے اپنی ہمت کا بیجا استعمال کیا

ایسے نوجوان اور اُنکے ساتھیوں کی پھانسی نے اُنکے سر پر شہادت کا تاج رکھ دیا ہے — ہزاروں لوگ آج اُنکی موت کو اپنے عزیز کی موت کے برابر محسوس

کرتے ہیں ــــ جہاں تک یاد آتا ہے کسی کی زندگی کے سلسلہ میں آج تک
اتنا پراثر مظاہرہ نہیں کیا گیا جتنا بھگت سنگھ کے لئے
جہاں کہیں بھی ان دیش بھگتوں کی یاد میں جو کچھ تعریف کے خیالات
ظاہر کئے جاسکتے ہیں میں اُن سے متفق الرائے ہوں
ہمیں ہر صورت میں اُس کی قربانی۔ جفاکشی اور بے نظیر ہمت کی پیروی
کرنا چاہئے لیکن ہمیں ان اوصاف کو اسطرح سے استعمال کرنا چاہئے جسطرح انھوں نے کیا
ہمارے ملک کی نجات کشت وخون کے ذریعہ سے نہ ہونا چاہئے
سرکار کے بارہ میں میں محسوس کرتا ہوں کہ اسنے ایک بیش بہا موقع
کھو دیا اس موقع پر وہ انقلاب پسندوں کے دلوں کو مسخر کرسکتی تھی۔
اپنی وحشیانہ طاقت کے اظہار میں جو جلدی سرکار نے کی اس سے ثابت
ہوتا ہے کہ بڑے بڑے بلند اور شاندار اعلان کے باوجود وہ اس طاقت کو چھوڑنا
نہیں چاہتی
میری یہ پختہ رائے ہے کہ سرکار نے جو زبردست غلطی کی ہے اُس سے سردار
بھگت سنگھ اور اُس کے ساتھی جو آزادی حاصل کرنا چاہتے تھے مرے ہیں
ہمیں یہ موقع جوش میں اگر کوئی کام کرکے کھونہ دینا چاہئے

جواہر لال نہرو کی نگاہ میں بھگت سنگھ کا مرتبہ

(بہادر بھگت سنگھ)

یہ کیا بات ہے کہ یہ لڑکا یکایک اتنا مشہور اور دوسروں کے لئے رہنما ہوگیا! یہاں تک کہ مہاتما گاندھی بھی عدم تشدد کے پیغمبر ہوتے ہوئے آج بھگت سنگھ کی اس بڑی قربانی کی تعریف کرتے ہیں۔ ویسے تو پشاور۔ شولاپور۔ بمبئی اور دیگر مقامات میں سیکڑوں آدمیوں نے اپنی جانیں قربان کی ہیں مگر بھگت سنگھ کا تیاگ اور اُن کی جوانمردی بڑے بلند مرتبہ کی تھی۔ تاہم اس جوش وخروش کے وقت بھگت سنگھ کی عزت کرتے ہوئے ہمیں یہ نہ بھول جانا چاہیئے کہ ہم نے عدم تشدد کے ذریعہ سے آزادی حاصل کرنا طے کیا ہے۔

میں صاف صاف کہنا چاہتا ہوں کہ خود مجھے اس رستہ پر چلنے سے شرم نہیں آتی۔ لیکن میں خیال کرتا ہوں کہ تشدد کا راستہ اختیار کرنے

سے دیش کا بہت بڑا فائدہ نہیں ہو سکتا اور اس سے فرقہ داری بڑھنے کا بھی اندیشہ ہے۔

ہم نہیں کہہ سکتے کہ بھارت کے آزاد ہونے سے پہلے ہمیں کتنے بھگت سنگھ ایسے بہادروں کی قربانیاں دینی ہوں گی۔ بھگت سنگھ سے ہمیں یہ سبق لینا ہے کہ دیش کے لئے ہمیں بہادری کیساتھ مرنا چاہئے!

مالوی جی کی رائے بھگت سنگھ کے بابت

(تیاگی بھگت سنگھ)

ہمارے دیش کے نوجوان. تشدد کا استعمال کرنے لگ گئے ہیں جس سے ظاہر ہوتا ہے کہ ملک کے موجودہ حالات سے وہ بہت ناراض ہیں۔ اس تشدد پسندی کا بڑا سبب خود سرکار کا طرزِ عمل ہے۔ تاہم میرا مشورہ نوجوانانِ وطن کو یہی ہے کہ وہ تشدد سے دور رہیں۔ میں یہ اِس لئے کہہ رہی ہوں کہ مجھے اپنے نوجوانوں سے محبت ہے اور میں جانتا ہوں کہ اس راستہ پر چلنے میں بڑا خطرہ ہے ہم آیندہ بھگت سنگھ ایسے نوجوانوں کی جان اس طرح جانے دینا نہیں چاہتے۔

بمقابلہ تشدد کے عدم تشدد کے لئے زیادہ ہمت کی ضرورت ہے۔ بھارت کے نوجوانوں کو میرا مشورہ ہے کہ وہ مہاتما گاندھی کے

بتائے ہوئے اصول عدم تشدد کو اختیار کرتے ہوئے بھگت سنگھ کی طرح بہادری کا نمونہ بنیں

بھگت سنگھ وغیرہ کی پھانسی سے اس بات کی تصدیق ہوتی ہے کہ غیر ملک والوں کی حکومت میں بھارت کی عزت نہیں ہو سکتی چنانچہ مہاتما گاندھی ایسی عزت رکھنے والی ہستی کی درخواست کرنے پر بھی بھگت سنگھ سزائے موت سے نہ بچ سکے اور وائسرائے نے اُن کی درخواست پر دھیان نہ دیا

لوگوں سے میری پُر زور درخواست ہے کہ دیش کو آزاد کرنے کی قسم کھائیں اور جب تک ملک کو آزاد نہ کرلیں تب تک آرام سے نہ بیٹھیں۔ یہی بھگت سنگھ کی جیتی جاگتی یادگار ہوگی

بھگت سنگھ

باب پہلا

سردار بھگت سنگھ اکتوبر سنہ ۱۹۰۷ء یوم سنیچر کو بوقت صبح لائلپور میں پیدا ہوئے۔ ان کا سلسلۂ خاندان ایک مشہور جری خالصہ سردار سے تعلق رکھتا ہے۔ جنھوں نے مہاراجہ رنجیت سنگھ والئے پنجاب کی قیادت میں سکھ سلطنت کی ترقی کی اغراض سے مغرب میں جنگجو پٹھانوں اور مشرق میں خطرناک انگریزوں کے مقابلہ میں دل و جان سے کوشش کی اور سکھوں کی حکومت کا سکہ جمانے میں اپنی جانیں تک نذر کر دیں۔ اسکے صلہ میں راج دربار کی طرف سے انکو بڑی بڑی جاگیریں عطا ہوئیں۔

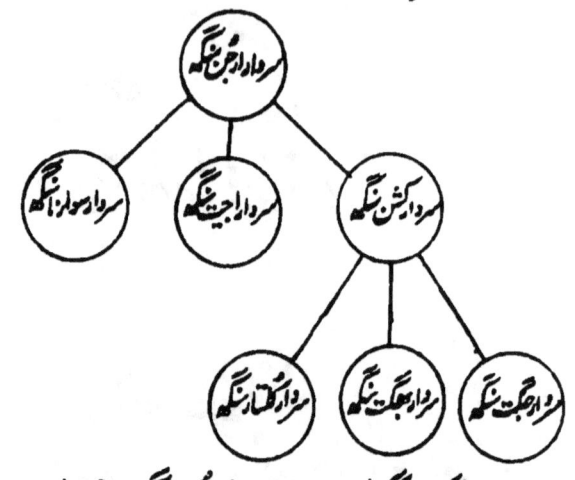

شجرہ ضروری اشخاص خاندان بھگت سنگھ

سردار بھگت سنگھ کے دادا سردار ارجن سنگھ کا شمار بڑے زمینداروں میں تھا۔ ان کے بھائی سردار بہادر دل باغ سنگھ اور دوسرے عزیزوں نے گورنمنٹ برطانیہ کی خدمات اور خیر خواہی کے صلہ میں اونچے درجہ کے عہدے اور خطابات حاصل کئے اور آج بھی وہ کافی متمول اور باعزت خیال کئے جاتے ہیں۔

لیکن سردار ارجن سنگھ نے دوسرا ہی راستہ اختیار کیا اور آزاد خیال ہونیکی وجہ سے ان کو افلاس سے دوچار ہونا پڑا۔ لیکن انہوں نے اسکی مطلق

پرواہ نہ کی اور اپنی دھن میں سرگرم رہے۔ جبکہ ان کی عمر ۸۰ برس سے زاید تھی وہ لاہور کانسپریسی کیس میں کافی دلچسپی لیتے رہے

بھگت سنگھ کی دادی شریمتی جے کنور اہلیہ سردار ارجن سنگھ ہندو سماج میں ایک دلیر خاتون تھیں جنھوں نے اپنے لڑکوں اور پوتوں کی پرورش کا بار نہایت خوبی اور مستقل مزاجی سے برداشت کیا۔ وہ صوفی امبا پرشاد کا ذکر "جن کا شمار اُس وقت کے اونچے درجہ کے قوم پرستوں میں تھا" اکثر کیا کرتی تھیں۔ صوفی صاحب ان کے یہاں برابر آیا جایا کرتے تھے ایک دفعہ کا ذکر ہے کہ پولیس نے سردار ارجن سنگھ کا گھر امبا پرشاد صاحب کا سُراغ ملنے پر گھیر لیا تھا لیکن اس جری عورت نے ایک دانشمندانہ چال سے اُن کو پولیس کے پنجہ سے بچا لیا۔ سردار ارجن سنگھ کے تین فرزند تھے سردار کشن سنگھ۔ سردار اجیت سنگھ اور سردار سوارنا سنگھ جو اپنی حب الوطنی کیلئے پنجاب بھر میں مشہور ہیں اور اسی کی خاطر اُن کو ہر قسم کی تکالیف جیل۔ جلاوطنی اور افلاس سے مقابلہ کرنا پڑا۔ کہا جاتا ہے کہ سردار اجیت سنگھ ہی نے لالہ لاجپت رائے جی کو میدان سیاست میں آنے کی دعوت دی تھی

۱۹۰۴ء و ۱۹۰۵ء میں لارڈ کرزن کی تقسیم بنگال کے موقع پر صوبہ بنگال میں

ایک ہلچل سی مچگئی تھی جس سے ان جانبازوں کو ملک کے ہر گوشہ خاصکر پنجاب میں انقلاب پیدا کرنے کا زریں موقع ہاتھ لگا

لالہ لاجپت رائے صوفی امبا پرشاد اور اجیت سنگھ نے اپنی جوشیلی تقریروں سے پنجاب میں ایک نئی روح پھونک دی۔ اس شورش میں سردار کشن سنگھ نے "جو اجیت سنگھ کے بڑے بھائی اور سردار بھگت سنگھ کے والد تھے" معہ اپنے بھائی سوارنا سنگھ کے پورا پورا حصہ لیا۔۔۔ سردار کشن سنگھ زیادہ تر جلسوں میں شریک ہوتے تھے بلکہ ٹھوس کام کرنے کی ذمہ داری انکے سر تھی جس کو اُنھوں نے نہایت ہی قابلیت اور جاں فشانی سے انجام دیا

سردار صاحب نے اپنے والد بزرگوار اور اپنے بھائی کی اجازت سے قومی تحریک میں روپیہ سے بھی ہر طرح کی مدد کی اور وقتاً فوقتاً بڑی بڑی رقمیں اس مد میں عطا کرتے رہے ۔۔۔۔ ۱۹۰۷ء میں ہندوستان کی تاریخ میں پہلی مرتبہ آربی ٹریری ریگولیشن نمبر III آف ۱۸۱۸ء (Arbirnary Regulation III of 1818) کا اجرا کیا گیا جس نے گورنمنٹ انگلشیہ کے ہاتھ مضبوط کر دئے ۔۔۔ اس قانون کا مقابلہ سردار اجیت سنگھ اور لالہ لاجپت رائے صاحب مرحوم نے کیا تھا۔ سردار اجیت سنگھ کو بغیر مقدمہ چلائے رہما جیل میں جسکی آب وہوا نہایت ہی ناقص تھی قریب ایک سال کے قید رکھا گیا

جب سردار اجیت سنگھ پنجاب واپس آئے تو اسی اثنا میں ان کے دونوں بھائی سردار کشن سنگھ و سوارنا سنگھ باغیانہ تقریریں کرنے کے الزام میں گرفتار ہو چکے تھے۔ سردار سوارنا سنگھ جیل کی تکالیف کو برداشت نہ کر سکے اور راہی ملک بقا ہوئے، اس وقت ان کی عمر تخمیناً ۲۸ برس کی ہوگی۔

اسی زمانہ میں بھگت سنگھ پیدا ہوئے، سردار بھگت سنگھ اپنے بڑے بھائی جگت سنگھ کے ساتھ بنگا ضلع لائل پور کے ابتدائی اسکول میں داخل کردئے گئے۔ بچپن ہی سے اِن کا رجحان طبیعت آزادانہ اور سپاہیانہ تھا اور پڑھنے لکھنے میں ان کا دِل کم لگتا تھا۔

جگت سنگھ کا انتقال ۱۱ برس کی عمر میں ہوا جس سے بھگت سنگھ کے دل پر سخت صدمہ گزرا۔ اس سانحہ کے بعد سردار کشن سنگھ نواں کوٹ (جو لاہور کے قریب واقع ہے) چلے گئے یہاں انکی کچھ زمینداری بھی تھی۔ لاہور میں بھگت سنگھ کی تعلیم جاری رکھنے کا سوال اُٹھا عام رواج کے مطابق ایک سکھ لڑکا ہمیشہ خالصہ ہائی اسکول ہی میں بھرتی ہوا کرتا تھا لیکن چونکہ اس اسکول کے منتظموں کا شمار سلطنت انگلشیہ کے

خیر خواہوں میں تھا اِس لئے سردار صاحب نے اپنے لڑکے بھگت سنگھ کی ذہنیت کو تبدیل ہونے سے بچانے کے لئے انھیں بجائے خالصہ اسکول کے ڈی۔ اے۔ وی اسکول میں داخل کیا۔

بھگت سنگھ اس اسکول سے میٹرکولیشن کا امتحان پاس کر کے نیشنل کالج چلا گیا۔ اِس کے بعد جب سنہ ۱۹۲۵ء میں کانگریس کا اجلاس کانپور میں قرار پایا تو بھگت سنگھ اس وقت نویں درجہ میں پڑھتے تھے لیکن اُن کا رجحان طبیعت ان کو وہاں کھینچ کر لے گیا۔

کالج میں بھگت سنگھ کا میل جول سُکھ دیو اور یش پال سے بوجہ ہمخیال ہونے کے بڑھا۔ آخر کار بھگت سنگھ ابھی صرف چودہ ہی برس کے تھے کہ ان کے دل نے ان کو مادر وطن کی خدمت کرنے پر مجبور کیا۔ چنانچہ انھوں نے پنجاب میں چند باغیانہ سوسائٹیوں میں حصہ لینا شروع کر دیا۔

سنہ ۱۹۲۲ء کے بعد جب ترک موالات کی تحریک میں کچھ کمزوری پیدا ہوئی تو نوجوان دلوں میں ایک اضطراب سا پیدا ہو گیا اور یہی باغیانہ جماعتوں کے ظہور کا سبب ہوا۔ پنجاب میں ببر اکالی کے لقب سے

ایک سخت باغیانہ جماعت پیدا ہوئی جسنے تشدد کے ذریعہ سے ہندوستان کو آزاد کرانے کا پرچار کیا اور ایسے ذرائع اختیار کئے جو عام پسند نہ تھے۔ لیکن ان میں بھی کچھ ہستیاں ایسی تھیں جو عزت کی نگاہ سے دیکھے جانے کی مستحق ہیں۔

سنہ ۱۹۱۴ء و سنہ ۱۹۱۵ء میں لاہور کانسپریسی کیس کے سلسلہ میں جو قربانیاں سکھوں نے کی تھیں انھوں نے ایسی جماعتوں کے نشوونما میں زیادہ مدد دی اور اسی کا اثر بھگت سنگھ کے دل و دماغ میں ایسا پڑا کہ تاحیات وہ کسی طرح زایل نہ ہوسکا۔ اس سلسلہ میں سرداکشن سنگھ باغیانہ جماعتوں کو برابر روپیہ سے بھی امداد کرتے رہے سر میکائل اوڈایر نے اس امر کا ذکر اپنی کتاب انڈیا ایز آئی نوٹ (India as I Know it) میں صاف طور سے جگہ جگہ کیا ہے اور اس جرم کے پاداش میں وہ ڈیفنس آف انڈیا ایکٹ کے ماتحت جلاوطن کئے گئے۔ اس دلخراش واقعہ سے متاثر ہوکر بھگت سنگھ ببر اکالیوں کے باغیانہ شورش میں دلچسپی لینے لگے۔

عام رواج کے مطابق خفیہ پولیس نے اس جماعت کا بھی سراغ

لگالیا اور اس کے ممبران کثیر تعداد میں گرفتار کرلئے گئے۔ بھگت سنگھ نے اپنے کو پولیس کے ہاتھوں سے بچانے اور دوسری جماعت کی بنیاد ڈالنے کے خیال سے پنجاب چھوڑ کر کانپور میں بودوباش اختیار کرلی یہاں انکی ملاقات گنیش شنکر ودیارتھی سے ہوئی جو ہندو مسلم اتحاد کے بڑے حامی تھے اور جنھوں نے آخر کار اسی جذبہ کے ماتحت کانپور میں اپنی جان دی۔

یہاں سے بھگت سنگھ کی زندگی میں ایک نیا باب کھلا۔ چونکہ کانپور میں ایک منظم باغیانہ پارٹی کا وجود پہلے سے پایا جاتا تھا اسلئے بھگت سنگھ اس پارٹی میں شریک ہوگئے اور اسکو کامیاب بنانے کے لئے دل وجان سے کوشش کرنے لگے۔ اس جگہ اُس جماعت کا مختصر سا ذکر مناسب معلوم ہوتا ہے۔

باب دوسرا

سنہ ۱۹۱۴ء میں اکثر جگہ خاص کر بنگال میں انقلابی پارٹیوں کا ظہور ہوا۔ گذشتہ جنگ عظیم کے چھڑنے پر ان کو خیال ہوا کہ ملک میں بغاوت پیدا کر دینا چاہیے چنانچہ اس غرض سے چند خاص انقلاب پسند اشخاص مثلاً راش بہاری بوس۔ جتن مکرجی۔ ساچین سانیال۔ وی جی پنگلے سردار کرتار سنگھ۔ ٹھاکر پرتھوی سنگھ و بابا سوہن سنگھ وغیرہ وغیرہ نے سکھ اور راجپوت رجمنٹوں کو ورغلانا شروع کیا کہ وہ باضابطہ سرکار برطانیہ سے ہتھیار بند مورچہ لیں۔ لیکن چونکہ وقت ابھی نہیں آیا تھا اس سازش کا پتہ اس کے کسی ممبر کے پھوٹ سے چل گیا اور صرف سنگاپور میں ایک زبردست ہلچل ہو کر رہ گئی جس کو حکومت نے جاپانی جنگی جہازوں کی امداد سے پورے طور سے کچل دیا۔ مشتبہ رجمنٹوں سے ہتھیار رکھوا لیے گئے اور ملازمت سے علیحدہ کر کے ان پر گوروں کا پہرہ بٹھلا دیا گیا اور بعدہٗ ان رجمنٹوں کے سپاہیوں کو فرانس کے نہایت سخت مورچہ پر روانہ کر دیا۔ اس کے بعد ڈیفنس آف انڈیا ایکٹ جاری کر کے اس کی

آڑ میں سات ہزار سے زائد اشخاص بنگال، پنجاب اور یوپی میں گرفتار کر لئے گئے جس سے انقلابی تحریک قریب قریب ٹھنڈی پڑ گئی۔

اسی زمانہ میں ہندوستان کے سیاسی میدان میں ایک نئی تحریک مہاتما گاندھی جی کے قیادت میں ظہور پذیر ہوئی۔ بلا تشدد عدم تعاون تحریک کے اصول جن کا دارومدار بڑی بڑی قربانیوں پر تھا عوام الناس کے دلوں میں سرایت کر گئے۔ اس تحریک نے ہندوستان کے ہر گوشہ میں نئی زندگی پیدا کر دی۔ وہ بڑی بڑی ہستیاں جو نہایت عیش و آرام کی زندگیاں بسر کرتے تھے۔ گھر بار چھوڑ کر اس میں شریک ہو گئے اور دیگر جماعتوں کے نوجوان بھی اس میں کافی دلچسپی لینے لگے۔

اِس دَور میں ہندو مسلم اتحاد کا وہ منظر نظر آیا جو حکومت کی پریشانی کا باعث ہوا لیکن واقعات بردولی سے یہ تحریک کچھ عرصہ کے لئے روک دی گئی۔ انقلاب پسند جماعتوں کا خیال پھر تشدد کی طرف جانے لگا۔

۱۹۲۴ء میں بکھرے ہوئے باغی یکجا ہوئے اور بنگال میں خفیہ غیر قانونی جماعتیں پھر سے رونما ہوئیں لیکن ۱۹۲۵ء کے بنگال آرڈیننس سے ان کو ایک بھاری ضرب پہونچی۔

احاطہ یوپی اور پنجاب میں سچندر سانیال جوگیش چندر چٹرجی و رام پرشاد بسمل کی بنائی ہوئی مختلف پارٹیوں نے ایک پارٹی کی صورت اختیار کی اور اپنا جلسہ بمقام الہ آباد منعقد کیا۔ اس جلسہ میں اس پارٹی کا نام ہندوستان ریپبلکن ایسوسی ایشن قرار پایا۔ اس کا ذکر اوپر آ چکا ہے کہ جب بھگت سنگھ نے لاہور چھوڑ کر کانپور میں بود باش اختیار کی تھی تو انھوں نے اپنا تعلق اسی ایسوسی ایشن سے کیا تھا۔ اس پارٹی نے ان کا نام بلونت قرار دیا اور اسی بلونت کے نام سے مختلف اخباروں میں مضامین بھی شائع ہوتے رہے۔ جوگیش چندر چٹرجی جن کا فرضی نام رائے تھا۔ اس جماعت کے چیف ارگنایزر مقرر ہوئے اور انھوں نے کانپور کو اپنے کام کرنے کا مرکز بنا لیا۔

۱۹۲۶ء میں مشہور کاکوری ٹرین ڈکیتی کا سانحہ ظہور میں آیا جس میں ہندوستان ریپبلکن آرمی کے ممبران نے ایک چلتی ہوئی ٹرین کو بمقام کاکوری لکھنؤ کے قرب و جوار میں روک کر سرکاری خزانہ جو اسمیں جا رہا تھا لوٹ لیا۔ پولیس کی نہایت سرگرم جستجو سے اس دور دراز تک پھیلی ہوئی جماعت کا سراغ چل گیا اور اس ڈکیتی کے دوران مقدمہ میں انقلاب پسند جماعتوں کی بہت سی پوشیدہ باتیں روشنی میں آئیں۔ اس موقع پر بھگت سنگھ لاہور چلے گئے۔

باب تیسرا

دہلی اسمبلی بم کیس کے سلسلہ میں اپنا یادگار تاریخی بیان دیتے ہوئے بھگت سنگھ نے اعلان کیا تھا "ہم ادب کے ساتھ تاریخ کے سنجیدہ طالب علم ہونے کا دعویٰ کرتے ہیں" اور اس بیان کے دَوران میں اُنھوں نے اپنے تاریخ داں ہونے کا تعجب انگیز ثبوت دیا۔ سنہ ۱۹۲۵ء و سنہ ۱۹۲۶ء کے درمیان بھگت سنگھ نے اپنے دماغ میں اتنا کثیر علمی و تواریخی ذخیرہ مہیا کرلیا تھا جس نے ان کی باقی ماندہ زندگی میں ان کو موقع موقع پر ٹھیک راستہ دکھلایا۔ وہ لالہ لاجپت رائے کے قائم کئے ہوئے نیشنل کالج میں داخل ہوئے اور یک جہتی کیساتھ تواریخ سیاسیات اور اقتصادیات کے مطالعہ میں سرگرمی سے لگ گئے۔ یہاں ان کے دو اور وفادار ساتھی سُکھ دیو اور بھگوتی چرن تھے اور ان تینوں نے دو ایک اور لوگوں کو ساتھ لے کر ایک مطالعہ کا دائرہ روس کے انقلابی TCHAIKOVSKY (& KropotKin) کے نمونہ پر قائم کیا۔ دی سرونٹس آف دی پیوپل سوسائٹی نے فیاضی کے ساتھ دوارکا داس لائبریری سے وہ سب کتابیں دلوادیں جو

ان پرجوش طالبعلموں نے چاہیں۔ ہمارے سامنے نیشنل کالج کے پروفیسر
چھبیلداس اور دوارکا داس لائبریری کے لائبریرین مسٹر راجہ رام کے جیسے
مشہور اشخاص کی شہادت موجود ہے جس سے پتہ چلتا ہے کہ بھگت سنگھ
کس تندہی اور شوق کے ساتھ ان کتابوں کا مطالعہ کیا کرتا تھا۔ نیشنل
کالج کے کتبخانہ میں سردار بھگت سنگھ کی رہنمائی سے ایک حیرت انگیز
کتابوں کا ذخیرہ جمع ہو گیا تھا جو کسی دوسرے کتبخانہ میں نہیں پایا جاتا۔

اٹلی روس اور آیرلینڈ کے انقلابی زمانے کے مفصل و تازہ ترین
تصانیف اور روس کی انقلابی تحریک کی ابتدائی تاریخ پر نایاب کتابیں جمع
کی گئی تھیں۔ بدقسمتی سے متعدد تلاشیوں اور ضبطگیوں کی وجہ سے وہ عالیشان
لائبریری اب ان کتابوں کا ایک چھوٹا سا مجموعہ ہو کر رہ گئی ہے لیکن اس پر
بھی ابھی جو کچھ باقی ہے سردار بھگت سنگھ کے دماغی عروج اور ان کی
انتھک محنت کا ثبوت دے رہی ہے۔ سیاسیات کے ایک گہرے اور پرجوش
طالب علم ہونے کے باوجود بھگت سنگھ صرف کتابوں ہی کے مطالعہ میں غرق
نہیں رہتے تھے بلکہ اکثر مختلف ضروری مقامات پر بھی جایا کرتے تھے اور
انقلابی جماعتوں کے خفیہ جلسوں میں بھی شرکت کرتے تھے۔ یوپی و بنگال

کی خفیہ جماعتوں کے اراکین سے ان کا ذاتی تعلق تھا اس کے علاوہ وہ ہندوستان میں انقلابی جماعت کی ترقی کے وسائل پر غور کیا کرتے تھے۔
مقدمہ کاکوری کانسپرسی کی جماعت کے درمیان بھگت سنگھ کئی بار لکھنو گئے اور اس مقدمے کے ملزمین سے ڈسٹرکٹ جیل میں گفت وشنید کا خفیہ سلسلہ قائم کیا۔ گرفتار شدہ اشخاص کی یہ رائے تھی کہ ان کو جیل سے نکال کر بھگا لے جانے کے لئے کوئی مناسب تدبیر اختیار کی جاوے۔ بھگت سنگھ نے جان توڑ کر اس مقصد کو پورا کرنے کے لئے کوشش کی اور اس سلسلہ میں وہ دوبار گرفتار ہونے سے بال بال بچے۔ آخرش یہ سب تدابیر ناکامیاب ثابت ہوئیں اور وہ لاہور واپس چلے گئے۔ یہاں اپنے قیام کے دوران میں بھگت سنگھ نے اپنی اعلیٰ انتظامی قابلیت کا ثبوت دیا۔ کاکوری کانسپیریسی کیس کے مقدمہ اور گرفتاریوں کی وجہ سے ہندوستان ریپبلکن ایسوسی ایشن کا شیرازہ منتشر ہو گیا تھا۔ سب رہنما جیل میں ٹھونس دئے گئے تھے اور چند ناتجربہ کار اراکین جو باہر رہ گئے تھے کوئی خاص کام انجام دینے کے نااہل تھے اسوقت بھگت سنگھ نے از سر نو کانپور کے بجے کمار سنہا اور لاہور کے سُکھدیو کی مدد سے یوپی اور پنجاب کے باقی ماندہ اراکین کو منظم کرنا شروع کر دیا۔

باب چوتھا

مقدمہ کاکوری کانسپریسی کے فیصلہ کے بموجب اس کے چار نوجوان ساتھیوں کو سزائے پھانسی اور دیگر بہت سے احباب کو سخت سزائیں دیے جانے نے بھگت سنگھ کے دل میں اِک آگ سی لگا دی۔ سب سے اول خیال جو اس کے دل میں گزرا وہ یہ تھا کہ اپنے ساتھیوں کے خون کا بدلہ جس طرح سے ہو لیا جاوے۔ اس مقصد کو کامیاب بنانے کی غرض سے اس نے ۱۹۲۷ء کو ایک میٹنگ بمقام کانپور اپنی پارٹی کے ضروری ممبروں کی بُلائی۔ قرارداد کام جیسے ہی سرگرمی سے شروع کیا گیا ایک نہایت عجیب و غریب سانحہ درپیش آیا جس سے کچھ عرصہ کے لئے وہ کام روک دینا پڑا۔ بمقام لاہور اکتوبر ۱۹۲۶ء کو ایک بہت بڑے مجمع پر جو کہ رام لیلا کا جلوس دیکھنے کی غرض سے اکٹھا ہوا تھا کسی شخص نے بم پھینکا۔ پنجاب پولیس غلط فہمی سے اس نتیجہ پر پہونچی کہ یہ کام کسی بڑے انقلاب پسند کا ہے جو کہ اُس روز لاہور میں موجود تھا۔ اس سلسلہ میں پولیس کو بھگت سنگھ کے گرفتار کرنے کا اچھا بہانہ مِل گیا۔ بغیر کسی مجسٹریٹ کے روبرو پیش کئے ہوئے

بھگت سنگھ بہت دِنوں تک قید تنہائی میں رکھے گئے ان کو یہ بھی پتہ نہ تھا
کہ کس جُرم کی پاداش میں وہ گرفتار ہوئے ہیں۔ یہاں اتفاقاً اِس کو
اُس جگہ کے دیکھنے کا موقع مِلا۔ جہاں ۲½ برس بعد اسکے ساتھیوں نے
ایک قابل یادگار بھوک ہڑتال میں اس کے ساتھ ساتھ حصّہ لیا تھا۔
یہ بھوک ہڑتال سیاسی قیدیوں کی جیل میں حالت بہتر بنانے کی
غرض سے کی گئی تھی۔ بھگت سنگھ کو جب انکی گرفتاری کی وجہ تبلائی
گئی کہ دسہرہ کے موقع پر ناکردہ گناہ مجمع پر بم پھینکنے کے سلسلہ میں ہوئی ہے
"جس میں متعدد معصوم مرد و عورت جان بحق ہوئے" تو ان کو سخت استعجاب
و صدمہ ہوا۔ اگر ان کی گرفتاری کسی باغیانہ سازش کے سلسلہ میں ہوئی
ہوتی تو وہ اُس کی مطلق پرواہ نہ کرتے کہ بچپن ہی سے وہ ایسے خیالات
میں گھرے رہتے تھے۔ جو شخص معصوموں کی حمایت میں اپنی جان کو
وقف کر چکا ہو اُس پر اُنہی کی جان لینے کا جُرم لگانا عبث تھا۔ یہ مقدمہ
بہت عرصہ تک چلتا رہا۔ قابل جج نے ان کو بیل پر رہا کرنے کے لئے
ساٹھ ہزار روپیہ کی ضمانت طلب کی۔ بھگت سنگھ ایسے شخص کے لئے یہ
ضمانت کی رقم جمع ہو جانا ایک معمولی سی بات تھی اس مقدمہ کی

سماعت بہت عرصہ تک ہوتی رہی، آخرش ہائی کورٹ کے فیصلہ کے بموجب یہ ضمانت منسوخ کردی گئی۔ اِس پورے واقعہ سے صاف طور سے پتہ چلتا ہے کہ بھگت سنگھ کو گرفتار کرنے میں پولیس نے کیسا غلط راستہ اختیار کیا تھا جس سے ان کو سخت تکالیف اور پریشانیاں اُٹھانی پڑیں دوران مقدمہ میں جبکہ وہ ضمانت پر رہا تھے بخیال ضبطگی ساٹھ ہزار ایسی کثیر رقم کے وہ کسی انقلابی تحریک میں حصہ نہ لے سکتے تھے۔ لیکن تو بھی وہ رفاہ عام کاموں میں برابر دلچسپی لیتے رہے۔ اس اثنا میں بھگت سنگھ نے دو نہایت ضروری کام انجام دیے۔

اوّل تو انھوں نے ایک جماعت نوجیون بھارت سبھا کے نام سے قائم کی جس سے سب لوگ بخوبی واقف ہیں۔ دوئم کاکوری ڈکیتی کیس کے سلسلہ میں جن انقلاب پسند اشخاص کو پھانسی دی جانیوالی تھی اُن کے خلاف آواز اُٹھانے کے لئے جلسے منعقد کئے۔ آگے چل کر نوجیون بھارت سبھا قومی کام کرنے والی پنجاب کے نوجوانوں کی ایک ضروری جماعت ثابت ہوئی جس نے کانگریس کے کاموں میں بھی کافی دلچسپی لی اور اُس کے دوسرے کام میں حصہ لینے کا نتیجہ اس شکل میں

نمودار ہوا کہ اس پرچار کے سال بھر بعد جب کاکوری ڈکیتی کیس کے مقدمہ میں چار اشخاص کو پھانسی دی گئی تو تمام ہندوستان میں کاکوری ڈے منایا گیا اور ایک ہل چل سی مچ گئی جبکہ بھگت سنگھ یوم کاکوری کو کامیاب بنانے کے لئے کوشاں تھا اس کے دل میں خیال آیا کہ لاہور کانسپریسی کیس واقعہ ۱۹۱۵ء و ۱۹۱۶ء کے سلسلہ میں جو شہید ہوئے ہیں اُنکے واقعات زندگی بھی روشنی میں لائے جاویں اور جگہ جگہ جلسے طلب کئے جاویں۔ اسی سلسلہ میں اُس نے اُس کے متعلق کی ضروری تصویریں فراہم کرکے اُن کی لینٹرن سلائیڈ طیار کرالیں۔ پہلے پہل اس کا ارادہ شمالی ہند میں جاکر اس کو دکھلانے اور اس پر لیکچر دینے کا تھا لیکن ایسا نہ ہوسکا۔ آخرش اُس نے لاہور کے بریڈلا ہال میں ایک جلسے کا انتظام کیا۔ یہ پہلا ہی دن تھا اور مجمع کی ایسی کثرت ہوئی کہ سانس لینا دشوار ہوگیا اور لیکچر نہایت دلچسپی کے ساتھ سنایا گیا۔ ضمانت کے ضبط ہوجانے کے اندیشہ سے بھگت سنگھ خود لیکچر نہ دے سکتے تھے اُنھوں نے اپنے لفٹنٹ بھگوتی چرن کو سب اشیاء مہیا کردیں اور لیکچر پر نوٹ بھی لکھا دئے اِس جلسے کی کامیابی پر گورنمنٹ نے ایسے جلسوں کو فوراً ناجائز قرار دے دیا۔

لاہور کانسپریسی کیس واقع ۲۶ جنوری ۱۹۳۱ء کے سلسلہ میں بھگوتی چرن کا نام جن کا ذکر اوپر آچکا ہے خاص طور سے لیا تھا۔

لوگوں کا خیال درست ہے کہ وہ ایک بم کے پھٹنے پر جس کا تجربہ وہ کر رہے تھے بری طرح گھائل ہو کر جاں بحق ہوئے۔ وہ لاہور کانسپریسی کیس کے جسمیں بھگت سنگھ اور دت نے نمایاں حصہ لیا تھا مفرور تھے۔

بھگت سنگھ کا منشا نوجیون بھارت سبھا کو ایک جداگانہ حیثیت سے منظم کرنے کا تھا۔ یہ بات قابل غور ہے کہ بعض بعض باتوں میں بھگت سنگھ نے اس جماعت کو کانگریس کے اصولوں کے خلاف مرتب کیا تھا۔

دنیا بھر کی غربت کے مسئلہ پر غور کرنے سے وہ اس نتیجہ پر پہونچا کہ ہندوستان کی نجات صرف سیاسی آزادی ہی سے حاصل نہیں ہو سکتی بلکہ ضرورت اس امر کی ہے کہ عوام کی مالی حالت بھی درست کی جائے اس لئے اس سبھا کی تمام تحریکیں زیادہ تر کمیونسٹ پروگرام سے تعلق رکھتی تھیں۔ دراصل اس کا مقصد یہ تھا کہ یہ کسانوں اور مزدوروں کی ایک جماعت بن جائے اور ملک کے نوجوان اس خدمت کو انجام دیں اسطرح سے ہم دیکھتے ہیں کہ بھگت سنگھ کے مزاج میں تبدیلی عظیم واقع ہوئی۔

۲۷-۱۹۲۶ء میں اس کا خیال تھا کہ "دہشت انگیزی" باغی جماعتوں کے لیے ایک نہایت ضروری ہتھیار ہے۔ کاکوری ڈکیتی کیس میں اسکے ساتھیوں کو پھانسی کی سزاؤں سے" اور باوجود پرجوش اپیلوں کے کہ ان کی سزائیں گھٹائیں جائیں اُس پر کوئی شنوائی نہ ہونے سے" وہ پکا ایک دہشت انگیز ہو گیا۔

لیکن جب اُس نے ہندوستان کی مالی حالت پر" جو دُنیا کے دیگر مقامات سے ملتی جُلتی تھی" پورے طور سے غور کیا تو اُس کے خیالات تبدیل ہونے لگے اور اس کی طبیعت سوشلسٹ اصولوں کی طرف مائل ہوئی۔ چنانچہ وہ سویٹ رشیا کے طرز حکومت کو بہت پسند کرنے لگا۔

باب پانچواں

جیسے ہی بھگت سنگھ کو اُس ساٹھ ہزار کی لمبی ضمانت سے چھٹکارہ ملا وہ پھر انقلابی تحریکوں میں نہایت سرگرمی کے ساتھ مشغول ہو گئے۔ کچھ ہی عرصہ میں اُنھوں نے ایک جماعت کو جو بالکل شکستہ حالت میں تھی منظم کرلیا۔ اس وقت یہ پارٹی مختلف حصوں میں منقسم اور منتشر ہو کر بمقام لاہور۔ دہلی۔ کانپور۔ بنارس۔ الہ آباد اور بہار کے چند اضلاع میں پائی جاتی تھیں لیکن اُن کا کوئی مقصد نہ تھا اور ناکارہ سی ہو گئی تھیں۔

۱۹۲۸ء کے ماہ جولائی میں ایک ابتدائی جلسہ ان کے کارکنان کا بمقام کانپور طلب کیا گیا کہ ان منتشر کردہ جماعتوں کو یکجا کر کے ایک مضبوط جماعت کی صورت میں لایا جاوے۔ بھگت سنگھ اور سنجے کمار سنہا اس مقصد کو لئے ہوئے ضروری مقامات پر جاتے رہے اور ستمبر ۱۹۲۸ء کو دوسری ضروری میٹنگ دہلی کے پرانے قلعہ میں ہوگئی۔ اس جلسہ میں یوپی پنجاب راجپوتانہ اور بہار کے دو دو تین تین ضروری ممبران طلب کئے گئے تھے اور اس کا اجلاس دو یوم تک برابر جاری رہا۔ اس جلسہ میں

بھگت سنگھ کا رجحانِ طبیعت سوشلسٹ اصولوں کی طرف تھا اور اس کی پُرجوش حمایت میں اس جماعت کے قواعد و ضوابط سوشلسٹ اصولوں کی بنیاد پر قائم کئے گئے۔ اس وقت سے پولیس افسران اور ایرو ورس دگواہ سرکاری کل قتل کرنا جو کہ اس جماعت کا خاص پروگرام تھا نظر انداز کر دیا گیا، اور صرف وہی تدابیر سوچی جانے لگیں جس سے عوام میں یکجہتی اور بیداری پیدا ہو۔ بھگت سنگھ نے اس بات پر بھی زور دیا کہ اس جماعت کا نام ہندوستان ریپبلکن ایسوسی ایشن سے بدل کر ہندوستان سوشلسٹ ریپبلکن ایسوسی ایشن رکھا جاوے۔ اس تجویز کی مخالفت کوئی کی طرف سے اس بنا پر نہایت زور سے ہوئی کہ اس پارٹی کا نام نہایت مشہور انقلاب پسند اشخاص مثلاً رام پرشاد بسمل سچین سائینال اور جوگیش چیٹرجی کا تجویز کردہ ہے تبدیل نہ کیا جانا چاہیئے۔ لیکن بعدہٗ بھگت سنگھ کی تجویز منظور کر لی گئی۔ اِس جلسے میں یہ بات بھی طے پائی کہ یہ جماعت دو حصوں میں منقسم کر دی جاوے۔ جس کے اوّل حصہ میں وہ اشخاص شامل ہوں جو ٹھوس کام انجام دیں اور دوسرے حصہ میں وہ جو اس جماعت سے ہمدردی رکھنے والے ہوں۔ حصہ اوّل کے فرائض

ہتھیار۔ گولہ، بارود وغیرہ فراہم کرنا۔ دہشت انگیزی کی تدابیر پر غور کرنا اور عوام میں اجتماعی قوت پیدا کرنا ہوگا اور اس گروپ کا نام ہندوستان سوشلسٹ ریپبلکن آرمی طے ہوا اور دوسرے گروپ کا کام روپیہ فراہم کرنا، ٹھوس کام کرنے والوں کے لئے محفوظ جگہ کا انتظام کرنا اور ان کے مقاصد کی اشاعت کرنا رکھا گیا تھا۔ بھگت سنگھ اس جماعت کے خاص رکن سمجھے جاتے تھے اور بجے کمار سنہا کے سپرد مختلف صوبے کے لوگوں کو منظم کرنا تھا۔ اس جماعت کا ہیڈ کوارٹر جھانسی میں زیر نگرانی کندن لال "جو راجپوتانہ کے خاص نمائندے تھے" رکھا گیا تھا۔

چندر شیکر آزاد جن کی تلاش بہت سے پولیٹیکل مقدموں کے سلسلہ میں، جس میں مقدمہ سازش کاکوری بھی شامل تھا، جاری تھی وہ روپوش رہا کرتے تھے ان کا پتہ لگانے سے پولیس قاصر رہی۔ آخرش وہ الہ آباد کے الفریڈ پارک میں ۲۷ فروری ۱۹۳۱ء کو پولیس کے ایک بھاری دستہ سے نہایت بہادرانہ مقابلہ کرتے ہوئے مارے گئے۔ یہ اس جماعت کے افسر اعلیٰ تھے اور بھگت سنگھ بھی اسی گروپ کے ایک جوشیلے کام کرنے والوں میں سے تھے۔ مذکورہ بالا جلسہ میں یہ بھی طے پایا تھا کہ

اس ہندوستان سوشلسٹ ریپبلکن آرمی کے ہر ممبر کا فرض ہوگا کہ وہ اپنے خاندان سے ہر قسم کا ترک تعلق کر کے پارٹی کے کام میں تن من دھن سے لگ جاوے چونکہ مذہبی فرائض انجام دینا بھی اس جماعت میں ممنوع تھا اس لئے بھگت سنگھ سکھوں کے عام رواج کے خلاف اپنے بال کترواتا اور داڑھی منڈواتا رہا۔

کچھ عرصہ کے بعد اس جماعت کے صدر دفتر کا تبادلہ جھانسی سے آگرہ میں ہوا۔ یہاں دو مکانات کرایہ پر لئے گئے بموجب تجویز سب نوجوان اپنے گھر بار و عزیزوں سے قطع تعلق کر کے ایک ساتھ رہنے لگے۔ اس جماعت کو اپنا کام چلانے کے لئے کثیر رقم کی ضرورت رہا کرتی تھی۔ چنانچہ سب ممبران کو نہایت کشمکش اور افلاس کی زندگی بسر کرنا پڑتی تھی، ایک موقع کا ذکر ہے کہ تین دن متواتر فاقہ کشی سے گزر کرنا پڑا جس میں ان کو صرف ایک پیالہ چار دن و رات میں نصیب ہوئی۔ آگرہ کی سخت سردی کے ایام بغیر بچھونے دو تین کمبل میں ۸ یا ۹ آدمی کاٹتے تھے۔ گو کہ بھگت سنگھ گھر پر کافی عیش آرام کی زندگی بسر کرتا تھا لیکن یہاں ان تکالیف کو اس نے ہنسی خوشی برداشت کر لیا

بھگت سنگھ نے آگرہ میں بھی ایک چھوٹے سے کتب خانہ کی بنیاد ڈالی اور اس کے لئے کتابیں فراہم کرنے کی غرض سے وہ دربدر گھوما اور اپنے ہمدردوں سے ملا۔ تھوڑے ہی عرصہ میں ضروری کتابوں کی ایک چھوٹی سی لائبریری تیار ہو گئی اس میں کتابیں خاص طور سے مالیات پر تھیں۔ بھگت سنگھ نے سوشلسٹ کتابوں کا مطالعہ برابر جاری رکھا اور اسی مضمون پر وہ لوگوں سے بحث بھی کیا کرتا تھا۔ ان کتابوں کے دلچسپ اور ضروری واقعات اس کو زبانی یاد ہو گئے تھے۔ لاہور کانسپریسی کیس کے قید شدہ ساتھیوں کو بھگت سنگھ وہ مضمون سُنا کر محظوظ کیا کرتا تھا۔

باب چھٹا

اب ہم وہ تاریخی سانحہ تفصیل کے ساتھ بیان کرتے ہیں جو بھگت سنگھ کی زندگی کا ایک خاص واقعہ شمار کیا جاتا ہے۔ یہاں پر ہم سائمن کمیشن کے متعلق، جس کی پُرزور مخالفت ہندوستان بھر میں بصورت عدم تعاون یا بائیکاٹ ظہور میں آئی،، ذکر نہ کرتے ہوئے اس کا صرف وہ پہلو ہدیۂ ناظرین کرتے ہیں جس کا تعلق لاہور سے تھا۔ یہ کمیشن مختلف مقامات پر جانے کے بعد ۳۰ر اکتوبر ۱۹۲۸ء کو بمقام لاہور پہنچنے والا تھا جس کو بائیکاٹ کرنے کے مقصد سے یہاں ایک بہت بڑے جلوس نکالے جانے کا انتظام کیا گیا لیکن حکام اعلیٰ کی طرف سے دفعہ ۱۴۴ کا نفاذ ہوا اور پولیس کو حکم دیا گیا کہ وہ ہر ایک ایسے مظاہرے کو حتی الامکان روکے۔ اس حکم کے صادر کرنے سے جلوس نکالنے والوں اور پولیس میں بہت جگہ مڈبھیڑ ہوئی اور بہت سے کانگریس کے کارکن بھی پولیس کے ہاتھوں زدوکوب کئے گئے جس میں لالہ لاجپت رائے بھی شامل تھے۔ اس واقعہ کے چند ہی یوم بعد لالہ لاجپت رائے ۱۷ر نومبر ۱۹۲۸ء کو

راہی ملک بقا ہوئے۔ لوگوں کا خیال ہے کہ لالہ جی کے موت کی ذمہ دار پولیس تھی جس نے اُس بزرگ ہستی کو اس بُری طرح پیٹا کہ وہ جانبر نہ ہو سکے۔ مسٹر اسکاٹ لاہور پولیس کا سپرنٹنڈنٹ اعلیٰ پولیس کے زدوکوب کرنے کا ذمہ دار ٹھہرایا گیا اور لوگوں کا خیال ہے کہ مسٹر سانڈرس جو نیر سپرنٹنڈنٹ کا ہاتھ لالہ لاجپت رائے کو پٹوائے جانے میں تھا۔

۱۷ دسمبر ۱۹۲۸ء کو مسٹر سانڈرس ٹھیک پولیس چوکی کے سامنے مار ڈالے گئے۔ کانسٹبل چانن سنگھ بھی جس نے قاتل کا پیچھا کیا موت کے گھاٹ اُتار اگیا اور مارنے والا مفرور ہو گیا۔ اس کا پتہ نہیں چلا۔ دوسرے روز صبح کو پولیس نے شہر کے مختلف مقامات پر بڑے بڑے اشتہار چسپاں پائے جس کے سب سے اوپر بڑے بڑے حروف میں سرخ روشنائی سے چھپا تھا۔ "دی ہندوستان سوشلسٹ ریپبلکن آرمی" اور اس کے نیچے تحریر تھا کہ "سانڈرس مارا گیا لالہ جی کے موت کا بدلہ ہو گیا" اور اس کے نیچے کچھ اور مضمون اپنے فعل کی تائید میں تھا۔

یوں تو اِس سانحہ کے تفصیلی حالات وہی ہیں جو اوپر تحریر کئے گئے لیکن جو بیان جے گوپال نے بحیثیت اپرودر لاہور کانسپریسی کیس میں دیا۔

مندرجہ ذیل ہے۔

بیان جے گوپال اپروور (گواہ سرکاری)

لالہ لاجپت رائے کے مرتے ہی پنجاب کی باغی جماعت نے ان ذرائع پر غور کرنا شروع کیا کہ ہم لوگ کس طرح لالہ جی کی موت کا بدلہ اُن پولیس افسران کو ہلاک کر کے لیں جو کہ لالہ جی کے پیٹے جانے کا باعث خیال کئے جاتے تھے جس سے وہ شکار اجل ہوئے۔ ایسا کرنے سے ان کے دو مقصد پورے ہوتے تھے اول تو اس جماعت کو تشدد کی طرف لے جانا۔ دوئم دنیا کو یہ دکھلانا کہ باغیانہ جماعتیں ابھی قائم ہیں اور لالہ جی کی ہلاکت کا بدلہ لینے سے وہ غافل نہ رہیں۔ اس کام کو انجام دینے کے لئے یہ تجویز ہوئی کہ بھگت سنگھ اور شیو رام راج گرو مسٹر اسکاٹ اسپشل سپرنٹنڈنٹ پولیس کو تپنچہ سے مار ڈالنے کے لئے مقرر کئے جاویں اور پنڈت چندر شیکھر آزاد جو سنہ ۱۹۲۶ء کاکوری کانسپریسی کیس کے مفرور تھے اس کام کو ہر طرح سے کامیاب بنانے کے لئے راہ نمائی کریں اور خود بھی اس موقع پر احتیاطاً موجود رہیں۔ یہ پوری سازش بعد کافی غور و خوض اور جملہ ضروریات کا انتظام کرتے ہوئے طیار کی گئی۔ اصل میں ان تینوں اشخاص بھگت سنگھ شیو رام

راج گرو اور چندر شیکر آزاد کا ارادہ پولیس سے ہتھیار بند مقابلہ کرنے کا تھا اور وہ یہ بھی چاہتے تھے کہ اگر ممکن ہو تو اسی مقابلہ میں اپنی زندگیوں کو بھی ختم کردیں۔ ۱۹۱۶ء کے واقعہ نے جس میں جتندر ناتھ مکرجی اور انکے ساتھیوں نے پولیس کے سامنے سے بھاگ کر اپنی جان بچانے کے بجائے پستول لیکر ان سے دلیرانہ جنگ کی اور اس دلیرانہ طریقہ سے اپنی زندگیوں کا خاتمہ کردیا تھا، بھگت سنگھ وغیرہ کے دلوں میں اسی کی تقلید کرنے کا حوصلہ پیدا کیا۔ ان کو یقین تھا کہ ایسا کرنے سے وہ نوجوانوں کے دلوں میں ایک ایسی لہر پیدا کردیں گے جس سے کھنچکر وہ باغیانہ جماعتوں میں شامل ہوجائینگے گے۔ لیکن یہ سازش ناکامیاب رہی کیونکہ اول تو انھوں نے بجائے مسٹر اسکاٹ کے مسٹر سانڈرس کو ہلاک کیا۔ دوئم چونکہ وہاں پولیس نے ان کا تعاقب نہیں کیا وہ انسے ہتھیار بند مورچہ نہ لے سکے۔ مسٹر سانڈرس پر گولی چلانے کی آواز پر پولیس کے دفتر سے صرف ایک پولیس افسر مسٹر فرن باہر آئے لیکن متواتر دو گولیوں کا سنسناتے ہوئے ان کے سر کے پاس سے نکلنا ان کو آفس میں واپس لے گیا۔ ایسی حالت میں صرف چانن سنگھ ہی ایسا دلیر تھا جس نے ان کے پیچھا کرنے کی جرارت کی۔ انھوں نے اس کو ایسا

کرنے سے روکا لیکن اس کے باز نہ آنے پر وہ بھی گولی کا نشانہ بنا کر مار دیا گیا۔ اس کے بعد یہ تینوں اشخاص ڈی۔ اے۔ وی کالج کے بورڈنگ ہاؤس میں جو کہ پولیس تھانہ کے قریب ہی واقع تھا چلے گئے اور وہاں پولیس کا انتظار کرتے رہے۔ لیکن جب پولیس وہاں نہ آئی تو وہ اپنی جائے پناہ پر بذریعہ دو سائیکل واپس ہوئے اس میں ایک سائیکل دوسکاندار سے جبریہ حاصل کی گئی تھی۔ ابھی وہاں سے گئے ہوئے ان کو زیادہ دیر نہیں ہوئی تھی کہ پولیس اپنی پوری قوت کے ساتھ وہاں پہونچی اور بورڈنگ ہاؤس کو چاروں اطراف سے گھیر لیا اور آنے جانے والوں کا راستہ بالکل بند کر کے اُس کی نہایت احتیاط کے ساتھ تلاشی لی۔ اس کے علاوہ شہر کے تمام راستوں پر پولیس تعینات کر دی گئی اور لاہور کا ریلوے اسٹیشن سی۔ آئی۔ ڈی سے بھر دیا گیا اور ہر ایک آنے جانے والوں کی پوری پوری جانچ ہونے لگی۔ اس احتیاط پر بھی یہ تینوں شخص پولیس کی آنکھ میں دھول ڈالکر لاہور سے باہر چلے گئے جو طریقہ بھگت سنگھ نے اختیار کیا علاوہ دلیرانہ ہونے کے چالاکی سے بھی پُر تھا۔ یہ انگریزی لباس میں ملبوس ہوکر اور اپنا نام ایک انگریز افسر کا رکھتے ہوئے اپنے اسباب اور بستر بندیہ

اسی نام کا لیبل لگا کر ایک خوبصورت لیڈی کے ہمراہ سنٹرل ریلوے اسٹیشن پر جہاں چاروں طرف سی، آئی، اڈی کھچا کھچ بھری ہوئی تھی داخل ہوئے اور گاڑی کے اوّل درجہ میں جا بیٹھے۔ راج گرو بھی ان کے ہمراہ اُردلی کے بھیس میں صاحب کا ٹفن کیریر لئے ہوئے تھا وہ بھی ایک درجہ میں سوار ہو گیا۔ چندر شیکھر آزاد نے ایک دوسرا ساد ہ طریقہ وہاں سے نکل جانے کا اختیار کیا۔ اس نے ایک جاتریوں کی جماعت جس میں نہایت ضعیف مرد اور عورتیں شامل تھیں اور وہ متھرا بغرض تیرتھ جا رہی تھی۔ ڈھونڈھ نکالی اور خود ایک برہمن کی حیثیت سے ان کا رہبر بن کر ان کے ساتھ ہو لیا اور بغیر کسی روک ٹوک کے لاہور اسٹیشن سے روانہ ہو گیا۔

باب ساتواں

چونکہ بھگت سنگھ کا شمار سی، آئی، ڈی کی نگاہ میں اونچے درجے کے انقلاب پسندوں میں تھا وہ اس کی تلاش نہایت سرگرمی کے ساتھ کرنے لگی لیکن جس وقت سے بھگت سنگھ کی ضمانت ہائی کورٹ سے منسوخ ہوئی تھی یہ لاپتہ تھے اور پولیس ان کا سراغ نہ لگا سکی۔ پولیس افسران کو بذریعہ کانفیڈنشل سرکلرس (خفیہ احکام) کے ہدایت کی گئی تھی کہ وہ جہاں ان کو پائیں گرفتار کریں۔ اس کے علاوہ اس کام کو انجام دینے کے لئے خاص پولیس بھی مقرر کی گئی تھی اور جو پولیس کانسٹبل ان کو پہچانتے تھے ان کی تعیناتی جابجا ریلوے جنکشن پر ہوئی اور ریلوے پولیس کی توجہ بھی اس طرف مخاطب کی گئی۔ باوجود ان سب پیش بندیوں کے بھگت سنگھ برابر اِدھر اُدھر آتے جاتے رہے۔ سانڈرس کے قتل سے اس جماعت کا وقار لوگوں کے دلوں میں قائم ہوگیا اور طلباء میں ایک سنسنی سی پھیل گئی جس کے فوری اثر نے اس پارٹی کو کامیابی کی طرف تیزی سے بڑھایا۔ جس روز سانڈرس مارے گئے تھے اس پارٹی

کے چند اشخاص نے ایک مکان کرایہ پر لیا تھا اس وقت اُنکے پاس اتنے پیسے بھی نہ تھے کہ وہ شب کو چراغ کا انتظام کر سکیں لیکن کچھ عرصہ کے بعد روپیہ کافی تعداد میں آنے لگا اور ان کی مالی حالت درست ہو گئی۔

۱۹۲۸ء میں انڈین نیشنل کانگریس کا اجلاس کلکتہ میں منعقد ہونے والا تھا۔ ان کی پارٹی میں یہ طے پایا کہ سردار بھگت سنگھ اور بجے کمار سنہا وہاں کے حالات دریافت کرنے کی غرض سے اس میں شریک ہوں اور بنگال کی انقلابی جماعتوں سے تعلق پیدا کریں۔ کاکوری کیس کے سلسلہ میں گرفتاری کے بعد اور بنگال میں کرمنل لا امنڈمنٹ ایکٹ کے نفاذ سے یوپی اور بنگال کے باہمی تعلقات شکست ہو گئے تھے اور دیوگڑھ کانسپریسی کیس نے اس پر آخری ضرب لگائی۔

کلکتہ میں بھگت سنگھ بنگال کے باغیانہ جماعت کے اندرونی حصہ میں آسانی سے گھس گئے۔ اس جماعت کے سرغنہ سے ملکر جنھوں نے اپنی زندگی کا زیادہ حصہ جیل میں گزارا تھا بھگت سنگھ کے دل پر ایک گہرا اثر پڑا اور اس کو یہ بھی پتہ چلا کہ وہ لوگ یو، پی اور پنجاب کے طرز عمل پر کوئی بھروسہ نہیں رکھتے صرف ایک امر میں وہ ان سے متفق الرائے

تھے کہ ملک کو آزاد کرنے کے لئے آخری کوشش ہتھیار بند بغاوت سے ہونا چاہئے لیکن دیگر معاملات میں مثلاً سوشلسٹ اصولوں کی پابندی اور لوگوں کے دلوں میں دہشت پیدا کرنے کا خیال وہ بالکل بیجا خیال کرتے تھے۔ یہاں ان سے ایک تجربے کار باغی افسر سے بھی بات چیت ہوئی جس سے بھگت سنگھ اس نتیجہ پر پہونچا کہ بم کا تیار کرنا بھی ایک ضروری امر ہے اس غرض کو پورا کرنے کے لئے وہ ایک مشاق بم بنانے والے کی تلاش میں سرگرم ہوا جو اس کی جماعت کو بم بنانا مکمل طور سے سکھاوے، علاوہ بم بنانے کے مقصد کو پورا کرنے کے بھگت سنگھ کو بہار کی تازہ قایم کی ہوئی ہندوستان سوشلسٹ ریپبلکن جماعت کے نئے بھرتی شدہ ممبران سے بھی ملنے کا موقع ہاتھ لگا۔ اس جماعت کا مرکز کلکتہ میں زیر نگرانی ایک بہاری کارکن کے حال ہی میں کھولا گیا تھا جس میں ایک آشرم بھی اس غرض سے قائم کیا گیا تھا کہ روپوش اشخاص کو پناہ دیجاوے۔

جن اشیاء کی بم بنانے میں ضرورت پڑتی ہے اُن کو فروخت کرنے والوں کی حمایت سے وہ سب اشیاء بہت آسانی سے فراہم ہوگئیں۔ اور بم بنانے کا ایک ماہر بھی مل گیا۔ چنانچہ آگرہ میں ایک مکان کرایہ پر

لیا گیا جہاں اُس شخص نے ایک خاص جماعت کو بم بنانا پورے طور سے سکھلا دیا۔ یہ پارٹی دو ماہ اس مہلک ہتھیار کے بنانے میں مصروف رہی۔ اس جگہ کے علاوہ لاہور اور سہارنپور میں بھی بم بنائے جانے کے سنٹر تھے۔ آگرہ میں پہلے پہل بنائے ہوئے بم کے دو گھمان جھانسی اس غرض سے لے جائے گئے کہ وہاں ان کا امتحان کیا جاوے کہ پھٹکر وہ اپنا پورا پورا مقصد ادا کرتے ہیں یا نہیں؟ جس کا نتیجہ خاطر خواہ ظہور میں آیا۔

اس اثناء میں جماعت کا ایک ممبر سخت علیل ہوا اور آخرش یہ بیماری خطرناک چیچک کی صورت میں نمودار ہوئی۔ بھگت سنگھ اور اس کے ساتھی اپنی جانوں کو خطرے میں ڈالکر دن و رات اس کی تیمارداری میں لگے رہے جس سے اُس کی جان بچ گئی۔

یہ امر نہایت تعجب خیز ہے کہ وہی شخص جس کی جان بھگت سنگھ اور اس کے ساتھیوں نے اپنی جان خطرہ میں ڈال کر بچائی تھی اپنے گرفتار ہونے پر چند یوم بعد اُس مقدمہ میں جس کا تعلق بھگت سنگھ اور اس کے اُس ساتھیوں سے تھا بطور سرکاری گواہ نمودار ہوا۔

باب آٹھواں

۸ر اپریل ۱۹۲۹ء کو دہلی میں جو ہندوستان کا دارالسلطنت ہے ایک ایسا بے نظیر سانحہ گذرا جو ہمیشہ یادگار رہے گا۔ جبکہ ہندوستان سوشلسٹ ریپبلکن ایسوسی ایشن کے دو کارکنوں نے اسمبلی کے اجلاس میں بغیر روک ٹوک داخل ہوتے ہوئے دو بم اُس اطراف میں پھینکے جدھر سرکاری افسران بیٹھے ہوئے تھے۔ یہ بم شدید آواز سے پھٹے اور اجلاس میں چاروں طرف دھواں ہی دھواں نظر آنے لگا۔ وہ بنچیں جن کے نزدیک وہ بم گرے تھے پاش پاش ہوگئیں اور وہاں کا فرش زمین بھی کھد گیا لیکن سوائے معمولی خراش کے کسی کو کسی قسم کا ضرر نہیں پہونچا۔

اس واقعہ سے اسمبلی کے ممبران میں ایک ہلچل سی مچ گئی اور خوفزدہ ہوکر جدھر جس کا منہ تھا اُسی طرف وہ بھاگا اور وزیٹر گیلری میں بھی سناٹا چھا گیا۔ اس ہولناک واقعہ کا اثر پنڈت موتی لال نہرو جی پنڈت مدن موہن مالوی جی اور سر جیمس کرار پر بہت کم ہوا۔ عام راستے اور لیڈیز گیلری کے درمیان دو نوجوان دکھلائی پڑے جو نہایت ہی

اطمینان اور فراخدلی کے ساتھ آیندہ کارروائی پر غور کر رہے تھے۔ یہ تاریخی یادگار رہتیاں سردار بھگت سنگھ اور بی۔ کے دت کی تھیں۔ یہ موقع اسمبلی پر بم پھینکنے کا نہایت ضروری تھا۔ احاطہ بمبئی میں مزدوروں کا ایجیٹیشن کامیابی کے ساتھ ایک خوفناک صورت اختیار کر رہا تھا۔ سرکار نے اس کو روکنے کے خیال سے اسمبلی میں ایک بل پیش کرکے اس کو جلد پاس کرانا چاہا۔

پولیس سارجنٹس جن کی تعیناتی کونسل چیمبر کے دروازہ پر تھی یہ نہ دریافت کر سکے کہ بھگت سنگھ اور دت اس میں کس طرح داخل ہوئے اور اس سے بھی زیادہ تعجب خیز یہ امر تھا کہ ان کے وہاں جانے کا یہ پہلا ہی دن نہ تھا بلکہ گذشتہ تین چار یوم سے وہ متواتر وہاں جا رہے تھے۔ اِن کے دو وجہ تھے اول تو یہ ہر دو اشخاص انگریزی لباس میں ملبوس رہتے تھے دوئم انھوں نے ڈوزیٹر پاس بھی مہیا کر لئے تھے۔ ان کے ایک جیب میں بھرا ہوا پستول اور دوسری جیب میں بم رہا کرتا تھا اور وہ کسی ضروری موقع کے منتظر رہا کرتے تھے اور موقع آنے پر انھوں نے ہر دو بم نہایت اطمینان سے پھینکے۔ یہاں پر اس بات کا ذکر کر دینا

بھی ضروری ہے کہ یہ مسلمہ امر ہے کہ اس دوران میں ان کو کافی وقت ملا۔ اگر وہ چاہتے تو آسانی سے باہر نکل جا سکتے تھے لیکن جو طریقہ عمل انھوں نے اختیار کرنا طے کیا تھا اس کے بموجب یہی مناسب تھا کہ وہ اپنے کو پولیس کے ہاتھ میں دیکر گرفتار ہو جائیں اور ایسے سنگین جرم کی پاداش میں سخت سے سخت سزائیں برداشت کریں۔ ان ہر دو اشخاص کے پاس بھرے ہوئے تپنچے بھی تھے اگر ان کو منظور ہوتا تو وہ کافی تعدا میں سرکاری افسران کو مار سکتے تھے جو اِدھر اُدھر خوف سے بھاگ رہے تھے لیکن ایسا نہ کرتے ہوئے انھوں نے اپنے پستولوں کو جیب سے نکالا اور ان پولیس سارجنٹس کے سامنے جو دَوڑ کر ان کے پاس تک پہنچ گئے تھے ایک برابر والی کرسی پر رکھ دیئے اور پھر ان ہر دو اشخاص نے نعرے لگائے " انقلاب زندہ باد" "شہنشاہیت کا ناش ہو" یہ نعرے ہندوستان کے لئے بالکل نئے تھے لیکن اُس دن سے ان کا رواج عام ہوگیا۔ اس کے بعد انھوں نے سُرخ رنگ کے اشتہار جن کا بنڈل ان کے ہاتھوں میں تھا اِدھر اُدھر پھینکنا شروع کر دیئے ان اشتہاروں کا عنوان "ہندوستان سوشلسٹ ریپبلکن آرمی تھا" اور اس کے نیچے سُرخ

روشنائی سے ٹائپ کی ہوئی ایک پُرزور اپیل کی گئی تھی۔

ان اشتہاروں کا عنوان بالکل ویسا ہی تھا جیسا سانڈرس کے مارے جانے کے وقت اشتہاروں میں پایا گیا تھا۔ جیسے ہی یہ اشتہار پھینکے گئے دو سارجنٹس معہ پولیس کانسٹبلوں کے ان کے پاس پہنچ گئے اور یہ گرفتار کر لیے گئے۔ اسمبلی سے جاتے وقت بھی انھوں نے وہی نعرے پھر سے لگائے "انقلاب زندہ باد" "شہنشاہیت کا خاتمہ ہو" جو کہ اسمبلی ہال میں دیر تک گونجتے رہے اور لوگوں کو دم بخود کر دیا۔

باب نواں

چونکہ اسمبلی بم اوٹ ریج کا سانحہ صرف بھگت سنگھ کی زندگی کا تاریخی واقعہ نہ تھا بلکہ ہندوستان کے انقلاب پسندوں کی یادگار قائم رکھنے میں بھی مدد دیگا اس لئے اس کو تشریح کے ساتھ بیان کرنا ایک ضروری امر ہے۔ اس کے پہلے والے باب میں جو کچھ بیان کیا گیا ہے اس کا شمار ایک تاریخی واقعہ میں ہوگا۔ لیکن جو باتیں اس میں راز کی ہیں اُنکو روشنی میں لانے سے ہر شخص کو پتہ چل جائے گا کہ بم پھینکنے کا اصلی مدعا کیا تھا۔ ہندوستان سوشلسٹ ریپبلکن ایسوسی ایشن کی تجویز کا کہ مسٹر اسکاٹ مار ڈالے جائیں صرف یہی مدعا نہ تھا کہ اس سے لالہ جی ایسے بزرگ ہستی پر لاٹھی چلوائے جانے کا جس سے وہ ہلاک ہوئے" بدلہ لیا جاوے بلکہ ان کا خاص مقصد یہ تھا کہ ایسا کرتے ہوئے بھگت سنگھ لازمی طور پر پولیس سے گھیر لیا جاوے گا اور اس طرح سے اسکو موقع ملے گا کہ وہ پولیس کے ایک زبردست دستہ سے ہتھیار بند مورچہ لیتے ہوئے گولیوں سے زخمی ہوکر بہادری کے ساتھ گرفتار ہو جائے اور دوران

مقدمہ میں انقلابی اصولوں کی اشاعت اور اُس پر اپنا پورا پورا اعتقاد ظاہر کرے اور اس سلسلہ میں جب اس کو تختہ دار پر چڑھایا جا رہا ہو تو وہ نوجوانان وطن کی خدمتمیں ایک اپیل پیش کرے۔ اُن کا یہ خیال تھا کہ اس طرح سے کی ہوئی اپیل لوگوں کے دِلوں میں چُبھ جاویگی اور انقلابی جماعتوں کو خاطر خواہ کامیابی حاصل ہوگی لیکن چونکہ ایسا نہ ہو سکا اُنھوں نے دیگر ذرایع اختیار کرنے پر غور کرنا شروع کیا۔

اس وقت بمبئی کی مزدور جماعت اپنے مالکان کارخانہ سے اپنے حقوق حاصل کرنے کے لئے لڑ رہی تھی گورنمنٹ آف انڈیا کو اچھا موقع ہاتھ آیا کہ سوشلسٹ کارکنوں کو پھانس کر داخل زنداں کر دے چنانچہ ملک کے مختلف حصوں میں وہ گرفتار کر لئے گئے۔ جب لوگوں کو یہ معلوم ہوا کہ ان پر میرٹھ کانسپریسی کا مقدمہ چلایا جاوے گا اُن میں اضطراب پیدا ہوگیا جس کے فرو ہوتے ہی گورنمنٹ نے ٹریڈ ڈسپیوٹ بل کا نفاذ کرنا چاہا۔ مزدوروں کا یہ خیال تھا کہ اس بل سے ٹریڈ یونین تحریک کو سخت دھکا پہونچے گا۔

انقلاب پسند جماعت ہر ایک ایسے موقع کا فائدہ اُٹھانا چاہتی تھی،

چنانچہ ہندوستان سوشلسٹ ریپبلکن آرمی کے ہیڈکوارٹر واقع آگرہ میں اس کے متعلق روزمرہ بات چیت ہونے لگی۔ بھگت سنگھ نے اس بات پر زور دیا کہ اس پارٹی کا طرزِ عمل کچھ ایسا ہونا چاہیئے جس سے صاف طور سے عیاں ہو جاوے کہ ہماری پوری پوری ہمدردی کسانوں اور مزدوروں کے ساتھ ہے۔ چنانچہ اس جماعت کا ایک جلسہ بمقام دہلی طلب کیا گیا جس میں یہ طے پایا کہ بی۔کے دت معہ ایک اور شخص کے اسمبلی میں جا کر سرکاری بنچوں کے نزدیک بم گرائیں۔ ذیل میں ہم ہنس راج داؤ کے بیان کا کچھ حصہ جو اس نے ۲۶۔ نومبر ۱۹۲۹ء کو روبرو مجسٹریٹ "لاہور کانسپریسی کیس" بطور اپروور کے دیا تھا درج کرتے ہیں جس سے مذکورہ بالا واقعہ کا انکشاف صاف طور پر ہو جاوے گا۔

"اسمبلی بم اوٹ بریج کے دو تین یوم بعد سکھ دیو ہنس راج سے جو اس مقدمہ میں اقبالی گواہ بن گیا تھا نہر کے قریب دوبارہ ملا اور اس کو بھگت سنگھ اور بی۔کے دت کی تصویریں دکھلا کر بتلایا کہ فلاں انقلابی جماعت نے اپنی دہلی کی میٹنگ میں یہ طے کیا ہے کہ بھگت سنگھ اور بی۔کے دت اپنے کو گرفتار کرا دیں تاکہ دوران مقدمہ میں اپنا اپنا بیان دیتے ہوئے

اُنھیں اس بات کا موقع ہاتھ آئے کہ وہ باغیوں کی فلاسفی اور اس کے نصب العین کی اشاعت کرنے میں کامیاب ہوں۔ شکھ دیو کے کہنے کے بموجب اسمبلی میں بم پھینکے جانے کا منشا یہ تھا کہ وہ عوام پر ظاہر کر سکیں کہ ٹریڈز ڈسپیوٹ بل اور پبلک سیفٹی بل کا نفاذ نامناسب تھا اور ہم لوگ اسکی مخالفت کرتے ہیں لیکن اس سے ان کا منشا ہرگز ہرگز یہ نہ تھا کہ کسی شخص کی جان لی جاوے۔ یہ ہر دو بم جان بوجھ کر کمزور رکھے گئے تھے تاکہ اگر وہ گورنمنٹ بنچوں کو خفیف سا نقصان بھی پہونچائیں تو ان کا کوئی اثر کانگرس کے لیڈران تک نہ پہونچے۔

جیسا اوپر بیان کیا جا چکا ہے بھگت سنگھ بی۔ کے دت کے ساتھ اس کام کو انجام دینے کے لئے نہیں چنے گئے تھے لیکن بھگت سنگھ کے ایک گہرے دوست نے اس بات پر بہت زور دیا کہ بی۔ کے۔ دت کے ہمراہ اسمبلی میں بم پھینکنے کے لئے بھگت سنگھ سے بہتر کوئی دوسرا شخص دستیاب نہیں ہو سکتا۔ بھگت سنگھ نے اس بات کو منظور کرتے ہوئے جو خط لکھا اُس سے پتہ چلتا ہے کہ اس کی طبیعت میں کس قدر محبّت اور رحمدلی کا جذبہ تھا۔ ظاہرا طور پر بھگت سنگھ ایک سخت دِل شخص معلوم

پڑتے تھے گویا کہ ان کا دِل کسی جذبہ سے متأثر نہیں ہوتا لیکن اُس خط سے جو اُنھوں نے اپنے دِلی دوست کو لکھا تھا اُس سے صاف طور سے عیاں ہے کہ اس کا دِل محبت اور احساس سے لبریز تھا۔ بھگت سنگھ کو یقین کامل تھا کہ اسمبلی میں بم پھینکنے کے واقعہ کے بعد وہ پھر کسی شخص سے نہ مِل سکیں گے اس لئے اُنھوں نے اِس خط میں اپنے دل کے اندرونی خیالات نہایت متاثر طریقہ پر ظاہر کئے تھے اِس خط کے لکھنے کے دَوران میں اُس کے سامنے آنے والے کُل واقعات گھوم رہے تھے اور وہ محبت کے جذبات سے مخمور تھا۔ اِس خط میں اِس اُسٹیپ نیاکس کیریر آف اے نہلسٹ" کے حوالے بھی درج کئے تھے جو اس کی ایک نہایت عزیز کتاب تھی اور اس خط میں اُس نے یہ بھی لکھا تھا کہ ایک باغی شخص کی زندگی محبت کرنے کے لئے ناموزوں ہے۔ بدقسمتی سے یہ بیش قیمتی خط موزانگ ہاؤس بم فیکٹری واقع لاہور کی تلاشی کے سلسلہ میں پولیس کے ہاتھ لگ گیا اور اُسی کے پاس ہے۔ اِس بات سے بھگت سنگھ کی قابلیت کا پورا پورا پتہ چلتا ہے کہ کس خوبی سے اُنھوں نے اسمبلی بم کیس کو اپنی پارٹی کے فروغ دینے کا آلہ بنایا۔

یہ بھگت سنگھ اور دت ہی تھے جنھوں نے دہلی کے کھلے اجلاس میں پہلے پہل "انقلاب زندہ باد" "مزدور طبقہ زندہ باد" کے نعرے لگائے، جس کی پاداش میں جب تک مقدمہ کی سماعت جاری رہی وہ ہتھکڑیوں میں رکھے گئے۔ اس مقدمہ کے دوران سماعت میں انھوں نے نہایت شجاعت کے ساتھ اس بات کا اقرار کیا کہ وہ باغیانہ سوسائٹیوں کے ممبر ہیں اور نہایت دلیرانہ طور پر عدالت میں یہ بیان بغرض اشاعت دیا کہ "ہندوستان کو چاہئے کہ وہ مزدور اور کسانوں کو منظم کرنے میں دل وجان سے مصروف ہو جائیں تاکہ اصلی سوراج جس میں عوام الناس کا ہاتھ ہو حاصل ہو جاوے"

مقدمہ سیشن میں جو بیان نہایت قابلیت کے ساتھ کل ضروری واقعات دیتے ہوئے طیار کیا گیا تھا قبل اس کے کہ عدالت میں پیش ہو ضروری اخباروں کے دفتروں میں نہایت ہوشیاری سے بھیج دیا گیا تھا اگر یہ خبریں اُن اخباروں میں بذریعہ تار روانہ کی جاتیں تو یہ لازمی امر ہے کہ اس کے کچھ حصے نکال دیئے اور تبدیل کر دیئے جاتے۔ چنانچہ وہ کل واقعات لفظ بلفظ ہندوستان کے ضروری اخبارو

یں آ گئے۔ یہیں تک نہیں بلکہ یہ بیان ہندوستان کے باہر کے اخباروں کو بھی روانہ کئے گئے تھے اور اس کے خاص خاص حصے آیرلینڈ کے چند اخباروں۔ پیرس کے لاہیومینیٹی اور رشیا کے پراودا میں نکلے۔ اس بیان کا اثر عوام الناس اور خاص کر نوجوانوں کے دلوں میں بجلی کی طرح سرایت کر گیا اور قوم کے اُن لیڈروں نے جنھوں نے پہلے بم پھینکنے کی مخالفت کی تھی اپنی رائے میں تبدیلی کا اظہار کیا اور بہت سے لوگوں اور اخباروں نے ان نوجوانوں کے مقصد کو پسندیدگی کی نگاہ سے دیکھا۔

نوجیون بھارت سبھا نے جو بھگت سنگھ کی قائم کی ہوئی تھی فوراً ہی اشاعت کے کام کو اپنے ہاتھوں میں لے لیا۔ جو بیان بھگت سنگھ اور دت نے دیا تھا اس کی ہزاروں کاپیاں معہ اُن دونوں بہادروں کی تصویروں کے چھپائی گئیں اور ہندوستان بھر میں تقسیم ہوئیں اور ان ہر دو اشخاص کی زندگی کے چیدہ چیدہ واقعات معہ ان کی تصاویر کے خاص خاص اخباروں کو بلا معاوضہ مہیا کئے گئے جنھوں نے بخوشی ان کی اشاعت کو منظور کر لیا۔ غرضیکہ اس اسمبلی کے سانحہ سے جو مدعا

ان ہردو نوجوانوں اور ہندوستان سوشلسٹ ریپبلکن آرمی کا تعارف پیدا ہوا۔ اس سے ان ہردو اشخاص کا وقار لوگوں کے دلوں میں جاگزیں ہو گیا۔ یہ پارٹی پیش پیش نظر آنے لگی اور نوجوانوں کے دلوں میں اس نے ایک ہل چل پیدا کر دی۔ اس بیان کی اہمیت کو مدنظر رکھتے ہوئے ہم نے اُس کے خاص خاص حصے نکال کر کتاب کے آخر میں درج کر دئے ہیں اور اُس میں بھگت سنگھ کے جوابات بھی جو اُنھوں نے اخبار موڈرن ریویو کے اعتراضات پر، جو اُس نے انقلاب زندہ باد وغیرہ نعروں کو لغو لکھتے ہوئے کئے تھے، شامل کر دئے ہیں۔

باب دسواں

بھگت سنگھ نے جو بھوک ہڑتال سیاسی قیدیوں کی حالت بہتر بنانے کے لئے کی تھی اُس کا اثر عوام پر کافی پڑا تھا۔ لیکن جب اسمبلی بم کیس میں ان کو حبس دوام کی سزا ہوئی تو لوگ بہت زیادہ متأثر ہوئے پولیٹکل قیدیوں نے اس کے قبل بھی بھوک ہڑتالیں کی تھیں اور ان میں چند اشخاص کی زندگیاں بھی کام آئیں۔ لیکن کاکوری کانسپریسی کیس کے قیدیوں کو چھوڑکر سب نے بھوک ہڑتال اس غرض کو لے کر کی تھی کہ سیاسی قیدیوں کو کچھ خاص خاص سہولتیں حاصل ہوں۔ مگر بھگت سنگھ نے اپنی بھوک ہڑتال سے لوگوں کو اس طرف مخاطب کیا کہ سیاسی قیدیوں کا ایک کلاس بالکل الگ قایم کیا جاوے اور اُن کے ساتھ خاص خاص رعایتیں برتی جاویں۔

بھگت سنگھ اور بی۔ کے دت نے سیشن جج کے حکم سنانے کے پہلے ہی سے یہ بات طے کرلی تھی کہ وہ سیاسی قیدیوں کی جیل میں حالت بہتر بنانے کی غرض سے بھوک ہڑتال کریں گے اور انھوں نے

اپنے اس فیصلہ کی خبر پریس تک پہونچانے میں کامیابی حاصل کرلی تھی پریس والوں نے اُس کی اِس مانگ کو جائز قرار دیتے ہوئے ملک میں کافی جوش پیدا کر دیا۔ عام طور سے شاید ناظرین اس بات کو نہ جانتے ہوں گے کہ سیاسی قیدیوں کو جیل میں کیسی کیسی سخت تکالیف اور ذِلّتوں کا سامنا کرنا پڑتا ہے۔ ذیل میں درج شدہ ایک ہی واقعہ سے ناظرین کو اس بات کا پورا پورا پتہ چل جائے گا۔

بنارس کانسپریسی کیس واقعہ سنہ ۱۹۱۶ء کے سلسلہ میں گیارہ اشخاص ماخوذ ہوئے تھے جس میں سے تین اشخاص راہیِ ملک بقا ہوئے اور ایک پاگل ہو گیا۔

مسٹر جے این سائینال بھی بنارس کانسپریسی کیس کے گرفتار شدہ اشخاص میں سے تھے ان کو انسپکٹر جنرل آف پرزن کے خاص احکامات جو سیاسی قیدیوں کے متعلق خفیہ طریقہ پر جاری کئے گئے تھے کسی طرح سے دیکھنے کا موقع ہاتھ آیا۔ جہاں تک اُن کی یادداشت کام دیتی ہے اُن سخت ہدایتوں میں سے ایک ہدایت یہ بھی تھی کہ "سیاسی قیدی دیگر قیدیوں سے دن و رات الگ رکھے جاویں" چونکہ جیل کی آبادی

صرف قیدیوں ہی کی ہوتی ہے اس حکم کا منشا یہی ہو سکتا ہے کہ سیاسی قیدی اپنی میعاد سزا قید تنہائی میں کاٹیں۔ جو شخص لوگوں سے ملنے جلنے کا عادی ہو اُس کے لئے اس سزا سے زیادہ ناقص اور کوئی دوسری سزا نہیں ہو سکتی ہے۔ ایک بنگالی کتاب جس کا نام ٹن ایرس ان انڈمنس ten years in Andamans ہے کچھ عرصہ ہوا چھپی تھی اِس میں اس کے کاتب نے جو مشہور باریسال کانسپریسی کیس کے سلسلہ میں ماخوذ ہوا تھا انڈین جیل کی بدترین اور کاہش جان تکالیف کا ذکر کیا ہے جو وہاں کے سیاسی قیدیوں کو بھگتنا پڑتی ہیں۔ بھگت سنگھ کو یہ سب واقعات بخوبی معلوم تھے لیکن اس کا خیال تھا کہ ہندوستان کے چاہے جس قید خانہ میں وہ رکھا جاوے اُس کو ان تکالیف سے دوچار ہونا نہ پڑے گا کیونکہ ہر ایک شخص کے دل میں اِس کی جگہ ہو گئی تھی۔ اس اثنا میں اس کو ایک نئی سازش کے مقدمہ کی خبر ملی اور چونکہ وہ اُس پیڈ میں شامل کیا گیا جو جیل میں بغرض شناخت کرائی جاتی ہے اس کو پتہ چل گیا کہ وہ قتل سانڈرس کے جرم میں بھی پھنسا جائے گا۔ اس لئے اس بھوک ہڑتال سے اس کا ہرگز یہ مطلب نہ تھا کہ وہ خود

اس سے مستفیض ہو۔ لیکن دوسرے سیاسی قیدیوں کے خیال نے جو اُس کے دوش بدوش ملک کی آزادی کی لڑائی میں حصہ لیتے ہوئے گرفتار کرلئے گئے تھے اور سرکاری قید خانوں میں سڑ رہے تھے اُسے اس امر پر مجبور کر دیا۔

بھگت سنگھ اور دُت کے قید ہونے پر وہ صرف ۲ یوم دہلی جیل میں ایک ساتھ رکھے گئے اس کے بعد دُت کا تبادلہ لاہور سنٹرل جیل میں کر دیا گیا اور بھگت سنگھ کو میاں والی سنسان جیل میں رکھا گیا۔ جبکہ یہ ہر دو اشخاص دہلی میں تھے اِن کے ساتھ برتاؤ انگریز قیدی کا سا کیا جاتا تھا۔ دہلی جیل چھوڑنے کے قبل اُنھوں نے دوسری لڑائی (بھوک ہڑتال) شروع کر دی تھی جس سے چار ماہ تک برابر کشمکش رہی۔ سیاسی قیدیوں کی حالت جیل میں بہتر بنانے کے متعلق مطالبات بھگت سنگھ نے پیش کئے تھے وہ عمداً مختصر تھیں تاکہ اُس کی منظوری میں زیادہ دقتیں نہ پیش آویں اور سیاسی قیدی اُن اذیتوں سے جہاں تک ہو سکے جلد چھٹکارہ پا جائیں۔ لیکن اور لوگ جو بھوک ہڑتال کرتے تھے اُن کے مطالبات اِسقدر اہم تھے جن کا منظور ہونا قریب ناممکن سا تھا۔

بھگت سنگھ کی مانگ تھی کہ ہر اُس قیدی کا شمار سیاسی قیدیوں میں ہو جس کی گرفتاری کی بنیاد اپنے ذاتی فائدہ کے لئے نہ ہو بلکہ عوام الناس کو فائدہ پہونچانے کے سلسلہ میں ہوئی ہو اور ان سیاسی قیدیوں کو جیل میں یہ سہولتیں فراہم کی جادیں۔

۱۔ وہ کتابیں اور اخبار پڑھ سکیں۔

۲۔ ان کی خوراک دوسرے معمولی قیدیوں سے بہتر ہو۔

۳۔ ایک سیاسی قیدی دوسرے سیاسی قیدی سے بلا روک ٹوک مل سکے۔

بھگت سنگھ نے بھوک ہڑتال جتندر ناتھ داس (جن کا نام اس سلسلہ میں صفحہ ہستی پر ہمیشہ قایم رہے گا)" کے بھوک ہڑتال کے بعد شروع کی تھی۔ جیوں جیوں ان بھوک ہڑتالیوں کی قربانیاں اور اذیتیں بڑھتی گیئں اُن کی مانگوں میں بھی اضافہ ہوتا گیا۔

حکّام کو اس بات کا پتہ نہ تھا کہ بھگت سنگھ کس فولاد کا بنا ہوا ہے وہ سمجھتے تھے کہ بھوک ہڑتال کی شدید تکالیف اس کو مجبور کردیں گی کہ وہ اس کو ترک کردے لیکن وہ برابر جاری رکھی گئی۔ اِس بھوک ہڑتال کے شروع ہونے کے ٹھیک ایک ماہ بعد سے پنجاب گورنمنٹ

نے اس امر پر غور کرنا شروع کیا۔

اسی وقت سے لاہور کانسپریسی کیس کی سماعت کا آغاز ہوا اور ۳۱ رجولائی ۱۹۲۹ء کو حوالاتی قیدیوں نے بھی ان کی ہمدردی میں بھوک ہڑتال شروع کردی۔ اگر کُل واقعات اِس بھوک ہڑتال کے قلمبند کیے جاویں تو الگ ایک کتاب بن سکتی ہے اور"ایسی کتاب کی ضرورت بھی ہے" اس واقعہ کے تھوڑے ہی دن بعد ملک کا دھیان لاہور کے جانباز بھوک ہڑتالیوں کی طرف کھنچ گیا۔ اِن دلیروں کی قربانی اور عام رائے کے سامنے پنجاب گورنمنٹ کو جُھکنا پڑا۔ ۱۴رجولائی کو ٹھیک اُسی دن جبکہ بھگت سنگھ نے گورنمنٹ آف انڈیا کے ہوم ممبر کو ایک خاص درخواست بھیجی تھی پنجاب گورنمنٹ نے اپنا پہلا خبرنامہ اس سلسلہ میں شایع کیا جس سے لاہور کانسپریسی کیس کے انڈر ٹرایل قیدیوں کو ڈاکٹری بنا پر بہتر غذا دئے جانیکی اجازت دی گئی۔ درحقیقت یہ ایک لغو سی بات تھی اس کے تھوڑے ہی دِن بعد گورنمنٹ کو اپنا دوسرا خبرنامہ نکالنا پڑا جس میں ڈاکٹری اسباب کے الفاظ نکال دئے گئے تھے اور دتؔ اور بھگت سنگھ کے نام

بہتر غذا ملنے والوں میں شامل کر دیئے گئے تھے۔

۲۸ جولائی کو جتندر ناتھ داس کی حالت نازک ہوگئی۔ بھگت سنگھ نے کانگریس کے ایک خاص کارکن کے ہاتھ بورسٹل جیل کے حوالاتی قیدیوں کے پاس یہ پیغام بھیجا کہ مہربانی کر کے وہ بھوک ہڑتال ختم کر دیں اور صرف دت اور اُس کو اس لڑائی کے لئے چھوڑ دیں اس سے بھگت سنگھ کے دلی جذبات اور قربانی کا پتہ چلتا ہے۔

اِس اثنا میں جتندر ناتھ داس کی حالت اور زیادہ خراب ہوگئی۔ انہوں نے اینما تک لینے سے انکار کر دیا اور ان کے تمام جسم میں زہر پھیل گیا۔ وہ اپنی آنکھیں تک نہ کھول سکتے تھے۔ کانگریس کے بڑے بڑے لیڈروں اور لاہور کانسپریسی کیس کے ڈفنس کمیٹی کے ممبران نے داس کو بھوک ہڑتال ختم کر دینے پر بہت زور دیا اور ہر طرح سے اُن کو سمجھایا لیکن داس میں ذرا سی بھی جنبش نہ ہوئی اور وہ شیر فاقہ کشی پر برابر ڈٹا رہا۔ اِس پر پنجاب گورنر کے پاس ایک پیغام بھیجا گیا کہ اگر داس کسی شخص کی بات کو مانتے ہیں تو وہ بھگت سنگھ ہے اِس لئے بھگت سنگھ سے اس بات کی استدعا کی جاوے کہ وہ داس کو اینما

لینے پر راضی کریں۔ گورنمنٹ نے فوراً اس بات کو منظور کرلیا اور بھگت سنگھ کو اس غرض سے سنٹرل جیل سے بورسٹل جیل میں بھیج دیا گیا کہ وہ داس کو اس امر کی ترغیب دیں۔ بھگت سنگھ کی بات کا داس پر کچھ ایسا اثر ہوا کہ انھوں نے اینما لینا منظور کرلیا۔ ڈاکٹر کی رپورٹ ہے کہ اینما لینے سے داس کی عمر کم سے کم نصف ماہ بڑھ گئی۔ اس امر سے حکام جیل کو سخت استعجاب ہوا کہ باوجود انتہائی کوشش کے وہ کامیاب نہیں ہوئے تھے۔ بورسٹل جیل کے ڈپٹی سپرنٹنڈنٹ خاں صاحب خیر دین نے جتندر ناتھ داس سے دریافت کیا کہ "کیا وجہ ہے کہ آپ نے ہم لوگوں کے بارہا درخواست پر اینما لینا منظور نہ کیا اور بھگت سنگھ کے کہنے پر فوراً راضی ہو گئے؟" جس کا جواب داس نے یہ دیا کہ "خاں صاحب آپ نہیں جانتے بھگت سنگھ ایک بڑا اجری نوجوان ہے میں اُس کی بات کی بے قدری نہیں کرسکتا۔" ایسا ہی ایک اور موقع پر ہوا تھا جبکہ پنجاب جیل انکوائری کمیٹی کی رپورٹ نکلنے والی تھی بھگت سنگھ نے جتندر ناتھ داس کو دوا پینے کی ترغیب دی تاکہ وہ پنجاب جیل انکوائری کمیٹی کی رپورٹ پر غور کرنے کے لئے کچھ عرصہ اور زندہ رہیں۔ بسری

جتندر ناتھ داس نے لڑکھڑاتی ہوئی زبان سے جو مشکل سے سمجھ میں آسکتی تھی کہا "بھگت سنگھ میں اپنے ارادہ سے ہٹنا بہت بیجا سمجھتا ہوں، لیکن اسپر بھی میں تمھاری درخواست کو ٹھکرا نہیں سکتا۔ براہ مہربانی آئندہ آپ مجھ سے کسی بات پر اصرار نہ کیجیگا"۔

جب ان لوگوں کی بھوک ہرتال اختتام پر تھی بھگت سنگھ نے اس بات پر زور دیا کہ ہماری پہلی شرط یہ ہوگی کہ گورنمنٹ داس کو بلا کسی شرط کے رہا کردے اور جیل انکوائری کمیٹی کے سب ممبران اس بات پر متفق تھے۔ لیکن گورنمنٹ نے داس کو رہا نہ کیا۔ اسپر بھگت سنگھ دت اور چار دیگر اشخاص پھر فاقہ کشی پر ڈٹ گئے۔ ان سب واقعات کے باوجود گورنمنٹ اپنی ہٹ پر قایم رہی۔ اسی درمیان میں بیر جتندر ناتھ داس اس دُنیائے فانی سے کوچ کر گئے۔

چونکہ بھگت سنگھ اور دیگر اشخاص نے خیال کیا کہ جو عدے جیل انکوائری کمیٹی نے کئے ہیں پہلی لڑائی کے لئے کافی ہیں بھوک ہرتال ختم کردی گئی۔

باب گیارہواں

لاہور کانسپریسی کیس کے متعلق جس قدر زیادہ غور کیا جاوے اُسی قدر بھگت سنگھ اور اس کے ساتھیوں کی قابلیت کا اظہار ہوتا ہے۔

لاہور کانسپریسی کیس نے گورنمنٹ کے وقار کو سخت دھکا پہونچایا، اور بھگت سنگھ وغیرہ نے وہ باتیں حاصل کریں جس سے گورنمنٹ نہایت درجہ خائف تھی۔ جیسے ہی بھوک ہڑتال ختم ہوئی اور سماعت مقدمہ شروع ہونے کو تھی بھگت سنگھ نے تین اشخاص کی ایک پارٹی بنائی جس میں وہ خود سُکھ دیو اور بجے کمار سنہا شامل تھے۔ اور اس بات پر غور کرنا شروع کیا کہ اس مقدمہ کو کس طرح اپنی جماعت کی منشا کو پورا کرنے کا آلۂ کار بنایا جاوے اور وہ اس نتیجے پر پہونچے کہ کُل کارروائی مقدمہ اس طرح سے انجام دیجاوے جس سے ان کی جماعت کے خیالات، اغراض و دیگر کارروائیوں کی پوری پوری اشاعت ہو۔ اس لئے سب سے پہلے اُنھوں نے اس بات پر جھگڑا کرنا طے کیا کہ حوالاتی پولیٹکل قیدیوں کو کیا کیا حقوق حاصل ہونے چاہئیں؟ اس وقت تک اِن کے ساتھ

برتاؤ معمولی قیدیوں کا سا ہوا کرتا تھا۔ حوالاتیوں کی متواتر کوشش سے جس میں ان کو بڑی بڑی مشکلات کا سامنا کرنا پڑا ان کو حکام کی طرف سے باعزت اختیارات حاصل ہو گئے اور ان کو آرام کرسیاں، میزیں، اخبارات اور چھولداریاں مہیا کی گئیں اور ان کا شمار قوم پرستوں میں ہونے لگا۔

دوسرا جھگڑا اس بات پر اٹھایا گیا کہ چونکہ مقدمہ سنٹرل جیل کے اندر ہوتا ہے وزیٹرس کو کافی تعداد میں آنے کی اجازت دی جانا چاہیے۔ چونکہ اس وقت تک وہاں آنے کے لئے سخت پابندیاں عاید تھیں ان کی تعداد بہت کم ہوا کرتی تھی۔ اس بات سے بھگت سنگھ کا مدعا جو اس مقدمہ کی پورے طور سے اشاعت کرنا چاہتا تھا حاصل نہیں ہوتا تھا۔ یہ جھگڑا قریب ایک ماہ تک چلتا رہا۔ انھوں نے اپنے مقصد کو کامیاب بنانے کی غرض سے جملہ کارروائیاں اختیار کیں۔ آخرش بہت سی پابندیاں اٹھائی گئیں اور تماشائی خاصکر نوجوان مرد و عورت کافی تعداد میں مقدمہ کی سماعت میں شامل ہونے لگے۔

ہر روز مقدمہ کی سماعت کا آغاز ان نعروں "انقلاب زندہ باد" "مزدور طبقہ زندہ باد" "اور شہنشاہیت کا ناش ہو" اور اس کے بعد جوشیلے

قومی گیتوں سے جو سب ایک ساتھ مل کر گایا کرتے تھے ہوا کرتا تھا۔
اِس سے ان تماشائیوں کے دلوں میں کچھ ایسا جوش پیدا ہوا کہ آئندہ چل کر قریب نصف درجن سازشی مقدمات جو پنجاب میں چلائے گئے۔ اُن نوجوانوں کے بیانات سے جو ان میں ماخوذ ہوئے تھے، صاف ثابت ہوا کہ انھوں نے لاہور کانسپریسی کیس کے مقدمہ میں جو کچھ دیکھا اور سُنا تھا اُسی سے متاثر ہو کر انھوں نے ان سازشوں میں شرکت کی تھی۔

مقدمہ کے دوران میں وہ لوگ خود ضروری شہادت دینے والوں اور خاصکر سرکاری گواہوں سے جرح کیا کرتے تھے۔ ان سوالات کرنے کا مقصد ہرگز یہ نہ ہوتا تھا کہ اُن کے بیانات کو غلط ثابت کر کے مقدمہ کو کمزور بنایا جاوے بلکہ وہ یہ چاہتے تھے کہ اُن سوالات کے جواب میں اُنکی پارٹی کی اندرونی باتوں کا ذکر۔ اُس کے اغراض و مقاصد اور اُس کشمکش کی بہادرانہ جدوجہد جو اُنھوں نے اختیار کی تھی قلمبند ہوتے ہوئے پبلک کے سامنے آجاوے۔

اِس طرح سے اُنھوں نے اس مقدمہ کی سماعت کو نوجوانوں کی باغیا

تعلیم اوران کے حوصلے بڑھانے میں استعمال کیا۔ عدالت کے کھلے اجلاس میں انھوں نے یوم کاکوری۔ یوم لینن۔ پہلی مئی اور یوم لالہ لاجپت رائے منائے اور شیام جی کرشن ورما اور دیگر پولیٹیکل قیدیوں کے وفات سے تعلق رکھتے ہوئے مظاہرے "جس میں ہنگری کے ایک قیدی کا واقعہ بھی شامل تھا جو بھوک ہڑتال کرتے ہوئے شکار اجل ہوا" کیے گئے۔ اور وہ ان ہر ایک مظاہرے کی اطلاع باہر کسی نہ کسی طرح بھیجدیا کرتے تھے۔ وکیل سلطانی مقدمہ کو مضبوط بنانے کی غرض سے ان سب باتوں کو قلمبند کرادیا کرتا تھا۔ ان بہادر قیدیوں کو مقدمہ کی مضبوطی یا کمزوری کی شمہ بھر بھی پرواہ نہ تھی اُن کا خیال قدم قدم پر اپنی پارٹی کے پروگرام کی اشاعت کرنا تھا۔

ایک موقع پر جبکہ عدالت میں اس بات پر زور دیا جارہا تھا کہ ان کے ہتھکڑیاں ڈالی جاویں جے گوپال جوکہ بطور سرکاری گواہ پیش کیا گیا تھا عدالت میں داخل ہوا اور اُس نے مونچھیں مروڑتے ہوئے مجرموں کی نسبت کچھ طنزیہ جملے کہے۔ اسپر اور مجرموں نے شرم شرم کے نعرے لگائے اور پریم دت نے جو سب سے چھوٹا تھا اپنا سلیپر اُس کی طرف

پھینکا۔ فوراً ہی سماعت مقدمہ بند کر دی گئی اور عدالت نے یہ حکم صادر فرمایا کہ مجرموں کو ہتھکڑی میں رکھا جاوے جب تک وہ عدالت میں رہا کریں۔ اسپر بھگت سنگھ اور اس کے ساتھیوں نے تہیّہ کر لیا کہ چاہے جو کچھ ہو وہ اُس وقت تک حاضر عدالت نہ ہوں گے جب تک یہ حکم واپس نہ لے لیا جاویگا۔ دوسرے دن باوجود پولیس کی سر توڑ کوشش کے وہ ایک کو بھی عدالت میں نہ لا سکے۔ ۱۶ قیدیوں میں سے وہ کسی نہ کسی طرح پانچ قیدیوں کو جیل کے پھاٹک تک لاری میں لا سکے لیکن وہ بھی لاری سے کسی طرح بھی نیچے نہ اُترے۔ اُس کے دوسرے دن وہ عدالت میں حاضر ہونے کے لئے اس شرط پر رضامند ہو گئے کہ وہاں پہونچکر ہتھکڑیاں اُتار لی جاویں گی لیکن ایسا نہ کئے جانے پر وہ ایک چال چلے۔ ناشتہ کھانے کے وقت انھوں نے درخواست کی کہ اُس وقت کے لئے ہتھکڑیاں اُتار دی جاویں لیکن لنچ کے بعد جب پولیس پھر ہتھکڑیاں ڈالنے آئی انھوں نے ہتھکڑیاں پہنّے سے قطعی انکار کر دیا اسپر جھگڑا شروع ہوا اور عدالت ایک غیر قانونی جگہ بن گئی۔ اس موقع پر ایک دستہ پٹھانوں کا اس غرض سے طلب کیا گیا کہ ان کو پیٹیں اور انھوں نے نہایت بے رحمی

کے ساتھ ان کو زدوکوب کرنا شروع کردیا۔ بھگت سنگھ کا حصہ اِس میں سب سے زیادہ رہا۔ اِن پر آٹھ سخت دِل پٹھان ٹوٹ پڑے اور جوتے کی ٹھوکریں اور چھڑیاں بے طرح برسائی گئیں۔ یہ پُر درد سانحہ وزیٹر کے روبرو جس میں خاصی تعداد خواتین کی تھی گزرا اِس سے اُن سب کے دِلوں پر بہت گہرا اثر پڑا۔ اُسی شام کو ایک بہت بڑا جلسہ قرار پایا جسمیں پولیس کے اس وحشیانہ رویہ پر سخت نکتہ چینی کی گئی اور قوم پرست اخبارات نے بھی اس امر کو نہایت بیجا قرار دیا۔ احاطۂ اجلاس میں زدوکوب کرنے سے پولیس آسودہ نہیں ہوئی اور بعد اختتام ساعت جب وہ جیل میں واپس ہوئے پولیس نے بھگت سنگھ کو وہاں بھی نہایت سنگدلی سے مارا۔ اس ناقابل برداشت ذلّت اور تکلیف اُٹھانے کا نتیجہ جو ظہور میں آیا وہ ٹھیک ان کے مَنشا کے مطابق تھا۔ آیندہ ان کو عدالت میں حاضر کرنے کے متعلق پولیس نے رپورٹ دی کہ یہ تو ممکن ہے کہ یہ خوب پیٹے جاویں بلکہ جان تک سے مار ڈالے جاویں لیکن یہ ایک ناممکن امر ہے کہ عدالت میں حاضر کئے جاسکیں۔ جیل افسران نے بھی اس امر کی تائید کی۔ اس کا نتیجہ یہ نکلا کہ مجسٹریٹ نے اِن کو

عدالت میں ہتھکڑی ڈال کر لانے کا جو حکم دیا تھا منسوخ کر دیا۔

لاہور کانسپریسی کیس کی اشاعت ہندوستان ہی میں نہیں بلکہ باہر بھی پورے طور سے کی گئی اور دنیا کے مختلف حصّوں سے روپیہ بطور چندہ کافی تعداد میں آنے لگا۔ پولینڈ کی ایک لیڈی نے ایک معقول رقم اس درخواست کے ساتھ روانہ کی کہ اس مقدمہ کی مفصل رُوداد اس کو روزانہ بھیجی جایا کریں۔ امدادی رقوم جاپان۔ کناڈا اور ساؤتھ امریکہ ایسے دور دراز ملکوں سے آنے لگیں اور یوم بھگت سنگھ و دَت ملک کے ہر گوشہ میں منائے جانے لگے اور ان آزادی کے پروانوں کی تصویریں عام طور سے کلنڈروں میں نکلنے لگیں۔

مجسٹریٹ کی عدالت میں بہت سے مشہور رہنمایان قوم ان شخصوں سے ملنے کی غرض سے آئے جن میں خاص خاص اشخاص سری سبھاش چندر بوس۔ بابا گوردت سنگھ۔ مسٹر کے آف نریمان۔ راجہ صاحب کالا کانکر مسٹر رفیع احمد قدوائی اور بابو موہن لال سکسینہ تھے۔ اس کے بعد فخر قوم سُرگباشی پنڈت موتی لال جی نہرو نے بھی ان لوگوں سے دو بار ملاقات کی۔ دوسری مرتبہ جب پنڈت جی ان سے عدالت

میں ملے تو بات چیت کا سلسلہ ایک گھنٹہ تک جاری رہا۔

ناظرین ان باتوں کو جان کر نہایت درجہ محظوظ ہوں گے لیکن سرِدست انکا انکشاف کرنا مناسب خیال نہ کرتے ہوئے ہم اس کو کسی آئندہ موقع کے لئے اُٹھا رکھتے ہیں۔

جیسے ہی گورنمنٹ کو اس بات کا پتہ چلا کہ اس مقدمہ کا اثر عوام الناس اور خاص طور سے نوجوانوں پر بہت بُرا پڑ رہا ہے اُس کو سخت تشویش پیدا ہوئی اور اس سلسلہ میں پنجاب گورنمنٹ نے ایک قانون لاہور کانسپریسی کیس آرڈیننس کے نام سے جاری کرنا چاہا۔ لیکن اس مشورہ کو گورنمنٹ آف انڈیا نے اس خیال سے منظور نہیں کیا کہ ایسا کرنے سے ملک میں سخت بیچینی پھیل جاویگی۔ اس کے بعد جب کانگریس اور گورنمنٹ میں لڑائی شروع ہوئی اور یکے با دیگرے آرڈیننسوں کا ظہور ہوا اُس نے بدنامی کا خیال نہ کرتے ہوئے اس غیر معمولی آرڈیننس کا نفاذ بھی کر دیا۔ یہ آرڈیننس نمبر ۳ سنہ ۱۹۳۰ء کے نام سے مشہور ہے۔ اسپر بھگت سنگھ وغیرہ کو ایک اچھا موقع ہاتھ لگا کہ اس سے وہ گورنمنٹ کے انصاف کا کھوکھلا پن اچھی طرح پبلک پر ظاہر کر سکیں۔ اپنی سازشی جماعت

کی وہ لوگ پہلے ہی کافی اشاعت کر چکے تھے ایسے نازک وقت میں گورنمنٹ نے اس غیر معمولی قانون کے نافذ کرنے میں سخت دھوکا کھایا۔ اس کے بعد بھگت سنگھ نے جیل میں اس کانسپریسی کیس کے کل ان قیدیوں کا جلسہ طلب کیا جن کا مقدمہ زیر سماعت تھا اور اس میں یہ طے کرنا چاہا کہ اب سے دوران مقدمہ میں وہ پورا پورا باغیانہ طریقہ اختیار کریں اور عدالت کی کارروائیوں میں کسی طرح بھی حصہ نہ لیں۔ اس امر پر سخت بحث ہوئی اور دو مختلف رائیں پیش کی گئیں۔ اس میں سے ایک جماعت کے لوگ بھگت سنگھ کے مشورہ سے متفق تھے اور دوسرے نے اس بات پر زور دیا کہ ہم لوگوں کو وہی طریقہ اختیار کرنا چاہئے جو بھگت سنگھ نے عدالت ماتحت میں اختیار کیا تھا۔ اسپر بھگت سنگھ نے یہ دلیل پیش کی کہ جب یہ طے شدہ امر ہے کہ جو جرم ان پر لگائے گئے ہیں اُن کی سزائیں پھانسی یا حبس دوام سے کسی طرح کم نہیں ہو سکتیں ان کے مقدمہ سے بے تعلق رہنے اور اُس میں کوئی حصہ نہ لینے سے آئندہ آنیوالی نسلوں کے دلوں پر ایک خاص اثر پڑیگا۔ دوسرے خیال کے اشخاص نے اس بات پر زور دیا کہ چونکہ ہمارا کوئی دیگر پلیٹ فارم نہیں ہے ہم کو

عدالت کے اجلاس کو بطور پلیٹ فارم استعمال کرنا ضروری ہے۔ اِن سب بحثوں کے بعد معاملہ یوں طے پایا کہ جو رویّہ عدالت ماتحت میں اختیار کیا گیا تھا کہ عدالت میں نعرے لگاتے ہوئے داخل ہونا اور پھر جب تک ایک قومی گیت نہ گالیں کارروائی مقدمہ نہ شروع ہونے دینا وہی طریقہ اس ٹربونل کی عدالت میں بھی جاری رکھا جاوے۔ یہ مظاہرا ٹربونل کے ہر سہ ججوں کے لئے سخت ناراضگی کا باعث ہوا اور تین چار یوم گزرنے کے بعد اُنھوں نے پولیس کو حکم دیا کہ جیسے ہی وہ گیت ختم کریں اُنکے ہتھکڑیاں ڈال دی جادیں جو واقعہ دھینگا مشتی کا عدالت ماتحت میں گزرا تھا وہی پھر سے دُہرایا گیا اور عدالت کی کارروائی اُس دن اِس طرح سے ختم ہوئی۔

اِس ذلت کے برتاؤ نے دوسرے گروپ میں بھی جوش پیدا کر دیا اور سب نے مِل کر یہ بات طے کی کہ وہ سب کے سب اب عدالت میں حاضر نہ ہوا کریں گے۔ پولیس اور افسران جیل نے اپنے پہلے تجربہ کے بموجب اِس بات کا اظہار کیا کہ ملزمان کو حاضر عدالت کرنا قریب ناممکن ہے۔ اس وجہ سے مقدمہ مدعی کی غیر حاضری

ہیں جاری رکھا جاوے۔ بھگت سنگھ ٹھیک ایسا ہی چاہتے تھے۔ گورنمنٹ نے اس بات کی سخت کوشش کی کہ ملزمان حاضر عدالت ہوتے رہیں کیونکہ ان کی غیر حاضری میں ایسے سنگین مقدمہ کی سماعت کو جاری رکھنا انصاف کا خون کرنا تھا۔ اس بات کو منانے کے لئے گورنمنٹ یہاں تک نیچے اُتری کہ اُس نے ٹربونل کے پریسیڈنٹ کو تبدیل کر دینا بھی منظور کر لیا جس کو ملزمان نے اپنے پیٹے جانے اور توہین کئے جانے کا ذمہ دار ٹھہرایا تھا۔ لیکن کوئی بات کارگر نہیں ہوئی۔

باب بارہواں

۷ اکتوبر سنہ ۱۹۳۰ء کو صبح کے وقت اسپشل ٹربونل کی عدالت سے ایک خاص پیغامبر جیل میں آیا چونکہ ملزمان حاضر عدالت نہیں ہوتے تھے اس لئے اس مقدمہ کا فیصلہ اس خاص پیغامبر کے ہاتھ جیل میں بھیجا گیا تھا۔ اس میں سے تین فیصلوں کے کاغذات کے کنارے سیاہ تھے اور یہی تینوں احکام سکھدیو شیورام راج گرو اور سردار بھگت سنگھ کی پھانسی کے متعلق تھے۔ اس مقدمہ کا فیصلہ سنائے جانے کا دن پردہ راز میں رکھا گیا تھا۔ اس کے تین دن قبل جیل میں ایک آخری دعوت بوقت شام قرار دی گئی تھی جس میں کچھ جیل کے افسران بھی شامل ہوئے تھے۔ اور اس دعوت میں رخصتی ایڈرس بھی پڑھے گئے۔ اس کے بعد تین دن اور نہایت جوش و اضطراب سے کٹے۔ چونکہ اسپشل آرم پولیس جیل کے چاروں طرف مقرر کی گئی تھی اس سے قیدیوں کو پتہ چلا کہ کسی ضروری امر کے لئے یہ سب انتظام کیا جارہا ہے۔ جیسے ہی یہ حکم سنایا گیا ویسے ہی بھگت سنگھ وغیرہ کی پھانسی کی خبر شہر بھر میں آگ کی طرح پھیل گئی۔

جس سے دفعہ ۱۴۴ کا نفاذ فوراً آ گیا گیا۔ شہر کے باہر منیوسپل گراؤنڈ پر بغیر کسی اطلاع دیئے جانے کے ایک بڑا جلسہ ہوا جس میں اس فیصلہ کی یک طرفہ کارروائی اور سخت سزاؤں پر بھاری نکتہ چینی کی گئی۔

اخباروں کی خاص اشاعتیں بھی اسی سلسلہ میں نکالی گئیں اور ان میں لاہور کانسپریسی کے کُل ملزمان کے فوٹو دیئے گئے۔ پولیس اور جیل کے افسران اِس بات پر سخت متعجب تھے کہ یہ فوٹو اُن کو کس طرح سے ہاتھ لگے۔ دوسرے دن ۸ راکتوبر یوم بُدھ کو لاہور اور ہندوستان کے بڑے بڑے مقاموں پر ایک سخت کشمکش اور بےچینی پیدا ہو گئی جس میں عام طور سے نوجوان اور طلبا شامل تھے۔ لاہور میں طالبعلموں کی یونین نے یہ کام اپنے ہاتھ میں لے کر مکمل ہڑتال کا اعلان کر دیا اور طلبا کو ہدایت کی کہ وہ اسکول اور کالجوں میں حاضر نہ ہوں۔ چنانچہ بہت سی تعلیم گاہیں بند کر دی گئیں اور جو کھُلیں اُن پر دھرنا بٹھلا دیا گیا ۱۷ خواتین جس میں ایک ضعیفہ جو کہ ماتا جی کے نام سے پکاری جاتی تھیں معہ اور بہت سے طلبا کے گرفتار کر لی گئیں اور ڈی۔ اے وی کالج کے ۸۰ طالب علم معہ ایک پروفیسر کے ایک سارجنٹ اور پولیس کانسٹبلوں

کے ہاتھوں پیٹے گئے اور اُن پر لاٹھیاں بھی چلائی گئیں۔ اس کے علاوہ اور بہت سے طالب علم اور عوام جو گورنمنٹ کالج پر دھرنے کی غرض سے جمع ہوئے تھے لاٹھیوں کے شکار ہوئے۔ اُسی شام کو ایک بہت بڑا جلوس نکلا جس میں عام طور سے یہ نعرے لگائے جاتے تھے "بھگت سنگھ زندہ باد" "سنگھ دیو زندہ باد" اور "راج گرو زندہ باد" اور بریڈلا ہال میں ایک بڑا جلسہ منعقد ہوا جس میں بھگت سنگھ وغیرہ کی قربانی اور بہادری کا رزولیوشن پاس کیا گیا۔ اسی شام کو اسی وقت ایک بڑا جلسہ کانگریس کی طرف سے میونسپل گراؤنڈ پر ہوا جس میں تخمیناً بارہ ہزار آدمی سے کم نہ تھے اور اس کی صدارت شریمتی پاروتی دیوی نے "جو سرگباشی لالہ لاجپت رائے کی دختر تھیں" کی۔ پنجاب اور ہندوستان کے دوسرے اضلاع میں خود بخود ہڑتالیں وجود میں آئیں۔ امرتسر اور لاہور میں جوش کی کوئی انتہا نہ تھی اور وہاں ہڑتال کا اس قدر زور تھا کہ یکہ اور تانگے والوں نے بھی اُس میں نمایاں حصہ لیا۔

دہلی۔ بمبئی۔ کانپور۔ الہ آباد و بنارس وغیرہ میں بےشمار کامیاب جلسے ہوئے اور ان سب جلسوں میں سردار بھگت سنگھ اور اُس کے

ساتھیوں کے ساتھ اظہار عقیدت کیا گیا۔

اسپشل ٹربونل نے جیسے ہی پھانسی کے احکامات جاری کئے ڈیفنس کمیٹی نے پروی کونسل میں اپیل اس بنا پر کہ آرڈیننس کا نفاذ غیر قانونی تھا، داخل کی۔ جیسے ہی لوگوں کو یہ خبر ملی کہ پولیس لاہور میں ایک سنگین سازشی مقدمہ چلانے والی ہے بہت سے قومی لیڈر جس میں ہندو مسلم اور سکھ شامل تھے اس میں دلچسپی لینے لگے اور اپنی ہمدردی کا اظہار گرفتار شدہ اشخاص سے کیا۔ اس سلسلہ میں جون ۱۹۲۹ء کو ایک مضبوط ڈیفنس کمیٹی بمقام لاہور بنائی گئی جس نے روپیہ اس غرض سے فراہم کیا کہ مقدمہ کی پیروی اور جو اس سازش کے سلسلہ میں گرفتار ہوئے ہیں اُنکے خاندانوں کی پرورش میں صرف کیا جاوے۔ تھوڑے ہی عرصہ میں ایک معقول رقم جمع ہوگئی یہ بات قابل لحاظ ہے کہ اس چندہ دینے میں زیادہ تر ہاتھ غربا کا تھا چونکہ رقوم چھوٹی چھوٹی صورتوں میں آئیں تھیں اس لئے خیال ہوتا ہے کہ تیس چالیس ہزار آدمیوں نے اس چندہ دینے میں حصہ لیا ہوگا۔ ڈیفنس کمیٹی نے اس روپیہ کو مقدمہ کی پیروی میں زیادہ نہیں خرچ کیا کیونکہ اُس کی پیروی کرنا اُن لوگوں کا کوئی خاص مقصد

نہ تھا۔ یہ روپیہ زیادہ تر ان حوالاتی قیدیوں کو کتابیں مہیا کرنے میں جو پڑھنے میں خاص طور سے دلچسپی رکھتے تھے، اور اُن کی دوسری ضروریات پورا کرنے کے لئے دیا جاتا تھا۔ نیز ان قیدیوں کے اُن عزیزوں کے لئے جا رہائش و دیگر انتظام کے متعلق جو بہت دور و دراز سے ان سے ملنے کی غرض سے آتے تھے، خرچ کیا جاتا تھا اور اسی روپیہ سے ان قیدیوں کے اُن عزیزوں کی امداد بھی کی جاتی تھی جو ضرورتمند سمجھے جاتے تھے۔

اُس مقدمہ کے حکم سنائے جانے کے بعد ڈیفنس کمیٹی نے پریوی کونسل میں اپیل داخل کرنا چاہی جیسا کہ بھگت سنگھ وغیرہ سے پہلے ہی طے ہو چکا تھا۔ اس اپیل کے داخل ہونے سے ممکن ہے کہ کچھ لوگوں کے دِلوں میں کسی قسم کی بدگمانی پیدا ہو اس وجہ سے ضروری ہوا کہ بھگت سنگھ کے خیالات صاف صاف سب کے سامنے رکھ دئے جاویں۔ پریوی کونسل میں اس اپیل داخل کرنے کا خاص مدعا یہ تھا کہ غیر ممالک میں بھی اس مقدمہ کا پرچار ہو جائے۔

وائسرائے نے اس آرڈیننس کے لگائے جانے کی تمہید میں فرمان کی

دوران مقدمہ میں بہت سی بیجا کارروائیاں دکھلاتے ہوئے اس بات کو ثابت کرنا چاہا کہ ان وجوہات سے آرڈیننس کا نفاذ ضروری تھا۔ اس اپیل کے ذریعہ سے اُن بیانات کی تردید کی گئی تھی۔

وائسرائے نے آرڈیننس لگائے جانے کے وجوہات میں جہاں اور باتوں کا ذکر کیا وہاں ان کی بھوک ہڑتال کو بھی ایک وجہ قرار دی تھی کہ اس سے مقدمہ کی کارروائی جاری رکھنے میں خلل واقع ہوتا تھا۔ پریوی کونسل میں اس اپیل داخل کرنے کا خاص مقصد بھگت سنگھ کا یہ تھا کہ وہ مہذب دنیا کے سامنے یہ بات رکھ سکے کہ ہندوستان میں سیاسی قیدیوں کے ساتھ کیسا ناروا اور بیجا برتاؤ کیا جاتا ہے اور اس اپیل کے ذریعے سے ایک خاص مقصد یہ بھی تھا کہ وہ دنیا کے سامنے "بہادر جتیندر ناتھ داس کی بے غرض قربانی" رکھنے میں کامیاب ہو جنہوں نے تریسٹھ دن کا فاقہ کرکے اپنی زندگی کا خاتمہ کر لیا تھا۔ دوئم اس سے ان کا یہ منشا بھی تھا کہ اور ملکوں میں بھی اس بات کا پتہ چل جائے کہ ہندوستان میں بھی سوشلسٹ باغیانہ جماعتیں قیام پذیر ہیں۔

ولایت میں اس مقدمہ کی پیروی کرنے والے کونسل کو بھگت سنگھ

نے صاف طور پر تاکید کر دی تھی کہ وہ دوران مقدمہ میں اس بات کے دکھلانے کی کوشش نہ کریں کہ ہندوستان میں باغیانہ جماعتوں کا وجود نہیں ہے اور نہ وہ ولایتی قانون کی آڑ میں اس بات کی کوشش کریں کہ سزائیں گھٹا دی جاویں۔ اس اپیل دایر کرنے کی تیسری غرض سیاسی نقطۂ نگاہ سے خاص اہمیت رکھتی ہے اور اس کے لئے بجے کمار سنہا نے جو سیاسی معاملات میں کافی دخل رکھتے تھے بھگت سنگھ پر بہت زور ڈالا کہ ایسا کرنے سے پھانسی کا وقت بڑھ جاوے گا اور لوگوں کے دلوں میں جوش و خروش زیادہ عرصہ تک قائم رکھنے میں مدد ملے گی اور پبلک خاطر خواہ مظاہرے کر سکے گی۔ چنانچہ ایسا ہی دیکھنے میں آیا۔

اکتوبر ۱۹۳۰ء تک تمام ملک میں لاٹھی چارج گرفتاریاں کثرت سے ہوئیں جس سے ملک میں سخت بے چینی اور جوش پیدا ہو گیا۔ اگر پھانسی اس کے قبل ہو جاتی تو یہ موقع ہاتھ نہ لگتا۔

بھگت سنگھ وغیرہ کو اس بات کا علم تھا کہ بہت ممکن ہے کہ گورنمنٹ عنقریب کانگریس سے صلح کرے۔ اس لئے اُس کی یہ دلی خواہش تھی کہ گورنمنٹ اس کو ایسے وقت میں پھانسی دے جس سے گرم دل

کے نوجوانوں کے ہاتھ مضبوط ہو جائیں اور کانگریس کی کمزوری کا پتہ چلے۔
۲۳ مارچ ۱۹۳۱ء کو پھانسی کا ہونا ٹھیک بھگت سنگھ کی خواہش کے مطابق تھا۔ بھگت سنگھ کا اس طرح سے اپنی جان سے کھیلنا قابل تحسین امر ہے اور اس سے ان سیاسی قیدیوں کی ذہانت۔ جوانمردی اور ایثار کا پتہ چلتا ہے۔

باب تیرہواں

۲۴ مارچ یوم منگل کی صبح ہی سے ہندوستان کے بیشتر شہروں میں بہت زیادہ جوش وخروش پایا گیا۔ یہ خبر کہ بھگت سنگھ معہ اپنے ساتھیوں کے تختہ دار پر چڑھا دیئے گئے۔ آناً فاناً بجلی کی طرح کوند گئی۔ ہر ایک صبح کے اخباروں میں بڑے بڑے حروف میں یا سیاہ (بارڈر) حاشیہ دیتے ہوئے یہ خبر شایع ہوئی۔ آخرش اس امر کی تصدیق ہوگئی کہ سردار بھگت سنگھ۔ شیورام راج گرو اور سکھ دیو کو لاہور سنٹرل جیل میں ۲۳ مارچ سنہ ۱۹۳۱ء یوم سوموار کی صبح کو ۷ بج کے ۳۳ منٹ پر پھانسی دیدی گئی۔

وقت مقررہ پر جیل کے اندر سے پھانسی کے پندرہ منٹ پہلے اور اس کے بعد تک انقلاب زندہ باد کے نعرے سنائی دیتے رہے بھگت سنگھ اور اس کے ساتھیوں نے نہایت شجاعت اور استقلال کے ساتھ موت کا سامنا کیا۔ بھگت سنگھ میں یہ اوصاف بچپن ہی سے پائے جاتے تھے۔ سردار بھگت سنگھ نے اپنی پھانسی کے وقت اس انگریز ڈپٹی کمشنر سے جو اس وقت وہاں موجود تھا مسکراتے ہوئے کہا "ڈل

مسٹر مجسٹریٹ تم خوش قسمت ہو کہ تم کو آج یہ دیکھنے کا موقع ملا کہ ہندوستانی باغی اپنا مدعا حاصل کرنے کے لئے کس بہادری کے ساتھ موت سے بغلگیر ہوتے ہیں!'

جیسے ہی پروی کونسل نے اس اپیل کو نامنظور کیا ہر چہار طرف سے اس بات کی سرگرم کوشش ہونے لگی کہ سزا ر موت بدل دیجاوے. عام طور سے یہ بات لوگوں کو نہ معلوم ہوگی کہ مہاتما گاندھی جی نے بھی ان دلیروں کو پھانسی سے بچانے کے لئے حتی الوسع کوشش کی تھی اور ملک کے ہر گوشہ سے نوجوان مرد اور عورتوں کے مظاہرے کئے گئے جس سے گورنمنٹ کو پتہ چلے کہ ان پھانسیوں کا اثر پبلک پر بہت خراب پڑیگا۔ اِس سے قبل کسی پھانسی کے موقع پر ایسے زبردست مظاہرے ظہور میں نہیں آئے تھے اور یہی بھگت سنگھ کی خواہش بھی تھی۔

اسی درمیان میں وائسرائے اور کانگریس میں صُلح ہو گئی مگر اس صُلح سے نوجوان طبقہ مطمئن نہ تھا اس کی وجہ سے تحریک یکایک روک دی گئی اسپر گورنمنٹ نے اطمینان کی سانس لی اور خاموشی کے

ساتھ پھانسی کی کارروائی انجام دی گئی۔ سردار بھگت سنگھ کی موت سے ملک کو زیادہ فائدہ پہنچا بہ نسبت اِس کے کہ وہ زندہ رہتے۔ اِس بات سے پورے طور پر ظاہر ہوتا ہے کہ اِن پھانسیوں کا نتیجہ خاطر خواہ ٹھیک ویسا ہی نکلا جیسا بھگت سنگھ اور اس کے ساتھی چاہتے تھے اور جسکے لئے اُنھوں نے اپنی عزیز جان تک سے دریغ نہ کیا۔

اس جانکاہ واقعہ کو پنڈت جواہر لال نہرو نے زوردار الفاظ میں اس طرح ادا کیا ہے "...... وہ شخص باعث فخر سمجھا جاوے گا جو آج ہم میں نہیں ہے! اور جس وقت گورنمنٹ ہم سے کوئی معاہدہ کرنے جا رہی ہو گی بھگت سنگھ کی لاش ہم لوگوں کے درمیان میں ہو گی کہیں ہم اُنکو بھول نہ جائیں"

سردار بھگت سنگھ نے اپنے آخری خط میں جو اُنھوں نے اپنے چھوٹے بھائی کلتار سنگھ کو جس کو وہ از حد پیار کرتے تھے لکھا تھا "اس دنیا میں ہونی کو کون روک سکتا ہے؟ اگر تمام دنیا ہماری مخالفت کرے تو بھی ہمارا کیا ہو سکتا ہے؟ پیارے دوست میری زندگی کے دن پورے ہو گئے۔ جیسے شمع کی لَو صبح کی روشنی کے سامنے معدوم ہو جاتی ہے اُسی طرح میری زندگی بھی صبح ہوتے ہی ختم ہو جائیگی۔ ہمارے خیالات اور اُن پر مکمل اعتقاد بجلی کی طرح تمام دنیا کو ہلا دینگے! کوئی مضائقہ نہیں اگر یہ مٹھی بھر خاک برباد کر دی جائے۔"

باب چودھواں

سردار بھگت سنگھ نہایت شکیل، پانچ فیٹ دس انچ لمبا۔ نہایت مضبوط بناوٹ کا تھا۔ اس کی آواز رسیلی اور جذبات سے بھری ہوئی تھی۔ ٹھیک اُسی دن جبکہ اسمبلی بم کیس کا حکم سنایا گیا تھا۔ اُن کے مشیر قانونی مسٹر آصف علی معہ اپنی اہلیہ کے جیل میں اُن سے ملاقات کرنے کی غرض سے گئے۔ بھگت سنگھ ایک کوٹھری میں مقفل تھے اور بیڑیاں پڑی ہوئی تھیں جبکہ وہ اُس کوٹھری کے نزدیک پہنچنے والے تھے ان کو ایک نہایت ہی دلکش سُریلی آواز سُنائی پڑی وہ آہستہ آہستہ آگے بڑھے اور اُنھوں نے باغی بھگت سنگھ کو بچّوں کی طرح گانے اور بیڑیوں سے اُس پر تال دیتے ہوئے سُنا (بھگت سنگھ کو چند گیت نہایت مرغوب تھے جن کو اس باب کے اختتام پر درج کر کے ہم ناظرین کی دلچسپی میں اضافہ کریں گے)

بھگت سنگھ کا دل دوسروں کی ہمدردی اور جذبات سے پُر تھا۔ وہ مصنوعی قصّوں سے بھی متاثر ہو کر اُن کی خوشی و رنج میں

شامل ہو جایا کرتا تھا۔ ایک دِن کا ذکر ہے کہ اسپیشل مجسٹریٹ کی عدالت میں وہ ایک دردناک ناول اپنے ساتھیوں کو سُنانے لگا۔ اِس ناول کا نام (سات جن کو پھانسی ہوئی تھی) Seven that were hanged اور اس کا مصنف لیونا کٹر اینڈریو تھا۔

اِس ناول میں ایک ایسے شخص کا ذکر ہے جو پھانسی کے خیال سے کانپ جایا کرتا تھا اور وہ کہا کرتا تھا کہ مجھ کو پھانسی ہرگز نہیں ہوگی اور ایسا کہتے کہتے اُس کو اس امر کا یقین بھی ہو گیا تھا جب بھگت سنگھ نے اس شخص کے آخری سین کو پڑھا جس میں یہ دکھلایا گیا تھا کہ وہ کمزور دل شخص پھانسی کے لیے جاتے وقت روتا اور ساتھ ساتھ مسکراتا بھی تھا۔ بھگت سنگھ ایسے دلیر شخص کی آنکھوں میں "جو اپنی موت کے خیال پر فتح پا چکا تھا" آنسو بھر آئے۔

بھگت سنگھ نہایت قابل تعلیم یافتہ نوجوان تھا اور وہ سوشلزم کی کتابوں کے پڑھنے میں خاص طور سے دلچسپی لیتا رہا۔ لاہور کانسپریسی کیس میں جو نوجوان گرفتار ہوئے تھے وہ سب نہایت قابل تھے لیکن بھگت سنگھ کی قابلیت کو کوئی نہ پاتا تھا۔ باوجود اس کے کہ اُس کو سوشلزم کی کتابیں

بہت مرغوب تھیں اُس نے رشیا کی باغیانہ تحریک کی تاریخ انیسویں صدی سے لے کر اکتوبر ۱۹۱۷ء کی بغاوت تک بغور پڑھی تھی۔ اور اس خاص مضمون پر اس کو پورا پورا عبور حاصل تھا۔ رشیا کے بالشویک اصول جس کا تعلق خاص طور پر مالیات سے ہے وہ پسندیدگی کی نگاہ سے دیکھتا تھا۔ وہ مصنوعی قصوں کی کتابیں بھی بڑے شوق سے پڑھا کرتا تھا۔ اس کو اُن ناولوں کے پڑھنے میں جس میں بڑی بڑی ہستیوں کا ذکر اور عشق کے راز و نیاز کی باتیں دکھائی گئی ہوں ذرا بھی دلچسپی نہ ہوتی تھی۔ قیام جیل میں اُس نے چارلس ڈکینس کی تصانیف نہایت شوق سے پڑھنی شروع کیں جو کتابیں اسکو بہت مرغوب تھیں اُس میں چند یہ ہیں۔ بوسٹن جنگل۔ آئل۔ کرائی فار جسٹس تصنیف کردہ آپٹن سنکلر۔ ایٹرنل سٹی تصنیف کردہ ہال کین۔ اِس کتاب کے بہت سے حصے اس کو زبانی یاد تھے اور ریڈس کی کتاب ٹین ڈیز دیٹ شک دی ورلڈ (Ten days That shook the world) وغیرہ

جب سے بھگت سنگھ نے اشتراکی کتابوں کا مطالعہ کرنا شروع کیا تھا اُس نے اِس بات کی کوشش بلیغ کی کہ وہ اُسی کے اصولوں کا پابند ہو جائے کرو پوتھیکنس میموریز نے اُس کے دِل پر ایک عجیب و غریب اثر ڈالا تھا۔

چونکہ خدا کا وجود اشتراکیوں کے اصولوں کے بالکل متضاد ہے اس لئے اس نے اس بات کی کوشش کی کہ جو خیالات خدا کے متعلق اُس کے دِل میں جاگزیں ہیں اُس کو وہ نکال دے۔ عام طور پر وہ اپنے آپکو خدا کے وجود کو نہ ماننے والا ظاہر کیا کرتا تھا لیکن یہ بات کہاں تک درست ہے ہم ٹھیک طور سے کہہ نہیں سکتے۔ جبکہ وہ دسہرہ بم کیس واقع سنہ ۱۹۲۶ء کے سلسلہ میں گرفتار کر لیا گیا تھا اور جیل میں اُس کو دن و رات ایک چھوٹی سی کوٹھری میں بند رہنا اور طرح طرح کے آفات و تکالیف کا سامنا کرنا پڑتا تھا وہ وقت اُس کی سخت آزمائش کا تھا لیکن اس مضمون کی کتابوں کو متواتر تین برس تک پڑھنے سے اُس کو یقین کامل ہو گیا تھا کہ خدا کا کوئی وجود نہیں ہے!

کاکوری کے قیدیوں کو سزائے پھانسی دئے جانے سے متاثر ہو کر بھگت سنگھ چاہے کچھ عرصہ کے لئے دہشت پسند ہو گیا ہو لیکن درحقیقت وہ سوشلسٹ اصولوں پر کاربند تھا۔ اُس کا اعتقاد تھا کہ عوام میں بیداری پیدا کرنے ہی سے ملک کی حالت درست ہو سکتی ہے۔ اُس کا خیال تھا کہ چونکہ کانگریس میں زمیندار۔ سرمایہ دار اور متمول قانون داں شامل

ہیں وہ کسانوں مزدوروں اور غربا کے لئے مفید ثابت نہیں ہو سکتی۔ وہ کہا کرتا تھا کہ گاندھی جی نہایت رحمدل اور اہنسک ہیں لیکن عدم تشدد کے طریقے ہم کو منزلِ مقصود تک نہیں پہونچا سکتے ہیں۔ اُس کو اس امر کا یقین تھا کہ اس بات کی اشد ضرورت ہے کہ ملک میں بے غرض نوجوانوں کی ایک جماعت منظم کرنی چاہیئے جو ہمارے طرز معاشرت میں انقلاب پیدا کردے۔ اُس کے دل میں یہ بات بیٹھ گئی تھی کہ یہ بات تب ہی حاصل ہو سکتی ہے جب کوئی شخص پھانسی کے تختہ پر چڑھتے ہوئے اِس امر کی اپیل نوجوانانِ ملک سے کرے اور چنانچہ اس دشوار کام کی ذمہ داری اُس نے اپنے ہی اوپر رکھی اور اسمبلی بم کیس کے سلسلہ میں جب وہ پھانسی پر چڑھایا جارہا تھا اُس نے نوجوانانِ وطن کے سامنے وہی اپیل پیش کی جو اُنکے دلوں میں تیر کی طرح بیٹھ گئی!

جیل میں جب بھگت سنگھ پھانسی والوں کی کوٹھری میں رکھا جاتا تھا وہاں بھی وہ اپنا وقت کتابوں کے پڑھنے اور لکھنے میں صرف کیا کرتا تھا اور یہیں اُس نے ایک بہت بڑا ذخیرہ اُن اشخاص کی زندگی کے خاص خاص واقعات لکھتے ہوئے جو پھانسی دئے گئے تھے طیّار

کیا اور اس میں ماہر اُن ہستیوں کے لئے مناسب موٹو بھی اپنی یادداشت سے تجویز کر کے تحریر کئے تھے۔ اس سے اُس کی شوق کتب بینی اور ذہانت کا بخوبی اندازہ لگایا جا سکتا ہے۔

ہندوستان ریپبلکن ایسوسی ایشن نے جو اشتراکی مضمون پر پورے چار چھپے ہوئے صفحہ طیار کئے تھے اور" جو ہندوستان اور بمقام برہما فروری ۱۹۲۵ء میں بکثرت تقسیم کئے گئے تھے" اسکو حفظ تھے۔ دوسری بہت بڑی اور سخت محنت سے طیار کی ہوئی کتاب جس کو اُس نے جیل ہی میں شروع کی اور وہیں ختم بھی کی ہندوستان کی باغیانہ جماعتوں کی مفصل تواریخ تھی۔ یہ نہایت تعجب کی بات ہے کہ اُس نے یہ کمیاب اور ضبط شدہ کتابیں" جن کا حوالہ جابجا اُس نے اپنی اس کتاب میں دیا تھا" جیل اور خاصکر پھانسی والی کوٹھری میں کس طرح فراہم کیں۔ چونکہ باغیانہ جماعتوں کا ذکر زیادہ تر بنگالی کتابوں میں پایا جاتا ہے اُس نے اس کا پورا پورا حال جاننے کی غرض سے بنگالی زبان سیکھی اور ان کتابوں سے جن جن باتوں کا اُس کو پتہ چلا اُس نے اپنی اس کتاب میں وضاحت کے ساتھ درج کیا۔ اسی کوٹھری سے ۱۹۲۹ء کو

جبکہ کانگریس کا اجلاس لاہور میں ہونے والا تھا اُس نے یوتھ لیگ کو ایک ضروری پیغام بھیجا۔ اور یہیں سے وہ باغیانہ پرچوں میں اپنے لکھے ہوئے مضمون برابر روانہ کیا کرتا تھا جس میں خاصکر ایک مضمون بم کی فلاسفی پر تھا۔

پھانسی ہونے کے کچھ عرصہ قبل اُس نے نوجوان سیاسی کارکنوں کو ایک ضروری بیان غور سے لکھ کر بھیجا تھا جو اُس کی آخری وصیت سمجھی جانا چاہیئے اور جو آئندہ قوم کی رہنمائی کرنے میں مدد دے گا۔

بھگت سنگھ مثل ایک سوشلسٹ کے سب قوموں سے ہمدردی رکھتا تھا اور اس کا دل صوبہ وارانہ تعصب سے مُبرّا تھا جیسا عام طور پر سب اشتراکیوں میں پایا جاتا ہے لیکن سردار بھگت سنگھ اُس سے بھی تجاوز کر گیا تھا اُس کے ہمدردی کے جذبات صرف ہندوستان کے باشندوں تک محدود نہ تھے بلکہ دُنیا کے کُل انسانوں کا خیال اُس کے دل میں پایا جاتا تھا۔

اپنی گرفتاری کے وقت سے اور ۲۳ر مارچ کی صبح تک " جبکہ وہ اپنی کوٹھری سے پھانسی کے آخری شاندار سین کو پورا کرنے کے لئے باہر

نکال کر اُس احاطہ میں پہونچایا گیا جہاں پھانسی دی جانے والی تھی"
وہ ایک لمحہ کے لئے بھی ہراساں یا متفکر نہ ہوا۔ جب اُسکے عزیز دل
اور گورنمنٹ کے افسران نے اُس پہ اِس بات کے لئے بہت زور ڈالا
کہ وہ گورنمنٹ کو رحم کی درخواست دے بھگت سنگھ نے اس بات کو قطعی
نامنظور کیا اور بجائے اس کے ایک خط لوکل گورنمنٹ کے پاس اِس
مضمون کا روانہ کیا۔

"یہ امر مسلمہ ہے کہ میں ایک باغی سپاہی ہوں جو اپنے ملک کو آزاد
کرنے کے لئے برابر لڑتا رہا۔ اگر گورنمنٹ سمجھتی ہے کہ اُس سے اور
باشندگان ہند سے کوئی صلح ہوئی ہے تو یہ ایک لازمی امر ہے کہ
گورنمنٹ آزادی کے لئے جدوجہد کرنے والے سپاہیوں کو فوراً آزاد
کردے لیکن اگر اُس کا یہ خیال ہے کہ لڑائی جاری ہے تو وہ شوق سے
اُس کو مار ڈال سکتے ہیں۔"

اِس خط میں اُس نے صرف یہ درخواست کی تھی کہ بجائے پھانسی
دئے جانے کے وہ کسی سپاہی کی گولی سے مارا جادے" کہ ایک سپاہی
کے لئے اسی طرح جان دینا مناسب ہے۔"

جن خیالات کا اظہار اخبار پیوپل (People) نے اس موقع پر کیا تھا بالکل درست ہے کہ ''بھگت سنگھ کی پھانسی سے شہیدان وطن کی تعداد میں صرف ایک کا اضافہ نہیں ہوا بلکہ اُس کا درجہ ہزاروں میں فرد ہے اور وہ اس تعریف کا مستحق بھی ہے ایسے اشخاص بہت ہی کم ہوں گے جنھوں نے اس طرح سے ہنسی خوشی جام شہادت پیا ہو کہاں ہیں ایسے جان نثارانِ قوم جو ہفتوں مہینوں نہیں بلکہ عرصہ دو سال تک متواتر حوصلے کے ساتھ ہر قسم کی تکالیف کا سامنا کرتے رہے ہوں اور اُس پر بھی اُن کے دلوں میں کسی قسم کی کمزوری نہ واقع ہوئی ہو جوانی کے جوش میں آکر چاہے کوئی شخص درجہ شہادت حاصل کرے لیکن وہ شخص بھگت سنگھ کا ہمسر نہیں بن سکتا۔

بھگت سنگھ نے دوران مقدمہ اور اپیل کی کارروائیوں میں کسی قسم کی دلچسپی نہیں لی ایسا صرف وہی شخص کر سکتا ہے جو جذبات شہادت سے مخمور ہو اور جس نے زندگی کے فلسفے کو بخوبی سمجھ لیا ہو۔ بھگت سنگھ میں یہ ہر دو خوبیاں پورے طور سے موجود تھیں۔

جہاں تک یادداشت کام دیتی ہے بھگت سنگھ کے واقعات زندگی

سے بڑھ کر کوئی واقعہ اس قدر دردناک نہیں گزرا۔ بھگت سنگھ کے کارناموں نے ایک کہانی کی صورت اختیار کر لی ہے جس کا وہ ہیرو تھا۔

ہندوستان کے نوجوان اُس پر جسقدر فخر کریں بجا ہے! بھگت سنگھ کی لاثانی قربانیاں اُس کے اونچے بھاؤ اور نہ دبنے والا جوش بھٹکتے ہوئے نوجوانوں کو مشعل کا کام دیں گی۔

بھگت سنگھ کی دلیری اور قربانیوں نے اُس وقت کی فضا میں جبکہ سیاسات میں کمزوری پیدا ہوگئی تھی بجلی کا سا کام کیا۔

یہ بھگت سنگھ ہی تھا جس نے انقلاب زندہ باد کے نعرے پہلے پہل عدالتوں میں لگائے جس کی آواز باز گشت آج ہم سب ہندوستان کی ہر گلی کوچوں میں ہر روز سُنتے ہیں گو کہ بھگت سنگھ اب ہم میں نہیں ہے لیکن پھر بھی جب کبھی ہم انقلاب زندہ باد کا نعرہ سنتے ہیں اُس کے ساتھ ساتھ بھگت سنگھ زندہ باد کا نعرہ ہمارے کانوں میں گونج جاتا ہے۔

مخمس

(الوداع)

حیف ہم جس پہ کہ طیار تھے مر جانے کو
جیتے جی ہم سے چھڑایا اسی کاشانے کو
آسماں کیا یہی باقی تھا غضب ڈھانے کو
لا کے غربت میں جو رکھا ہمیں ترپانے کو
کیا کوئی اور بہانہ نہ تھا ترسانے کو

پھر نہ گلشن میں ہمیں لائے گا صیاد کبھی
کیوں سُنے گا تو ہماری کوئی فریاد کبھی
یاد آئے گا کسے یہ دلِ ناشاد کبھی
ہم بھی اس باغ میں تھے قید سے آزاد کبھی
اب تو کاہے کو ملیگی یہ ہوا کھانے کو

دل فدا کرتے ہیں قربان جگر کرتے ہیں
پاس جو کچھ ہے وہ ماتا کی نذر کرتے ہیں
خانہ ویران کہاں دیکھئے گھر کرتے ہیں
خوش رہو اہل وطن ہم تو سفر کرتے ہیں
جا کے آباد کریں گے کسی ویرانے کو

دیکھئے کب یہ اسیرانِ محبت چھوٹیں
مادرِ ہند ترے بھاگ کھلیں یا پھوٹیں
دیس سیوک تو سبھی جیل میں مونجیں کوٹیں
آپ وہاں عیش سے دن رات بہاریں لوٹیں
کیوں نہ ترجیح دیں اس جینے پہ مر جانے کو

کوئی ماتا کی امیدوں پہ نہ ڈالے پانی　　زندگی بھر کو ہمیں بھیج کے کالے پانی
منہ میں جلاد ہوئے جاتے ہیں چھالے پانی　　آب خنجر کا پلا کر کے دُعا لے پانی
بھر نہ کیوں جائیں ہم اس عمر کے پیمانے کو

ہم بھی آرام اُٹھا سکتے تھے گھر پر رہ کر　　ہمکو بھی پالا تھا ماں باپ نے دُکھ سہ سہ کر
وقتِ رخصت اُنھیں اتنا بھی نہ آئے کہہ کر　　گود میں اشک جو ٹپکے کوئی رُخ سے بہ کر
طفل ان کو ہی سمجھ لینا جی بہلانے کو

دیس سیوا کا ہی بہتا ہے لہو نس نس میں　　اب تو کھا بیٹھے ہیں چتوڑ کے گڑھ کی قسمیں
سرفروشی کی ادا ہوتی ہیں یوں ہی رسمیں　　بھائی خنجر سے گلے ملتے ہیں سب آپس میں
بہنیں تیار ہیں چتاؤں میں جل جانے کو

نوجوانو جو طبیعت میں تمھاری کھٹکے　　یاد کر لینا کبھی ہم کو بھی بھولے بھٹکے
آپ کے عضوِ بدن گر ہوں جدا کٹ کٹ کے　　اور سر چاک ہو ماتا کا کلیجہ پھٹ کے
پر نہ ماتھے پہ شکن آئے قسم کھانے کو

اپنی قسمت میں ازل سے ہی ستم رکھا تھا　　رنج رکھا تھا محن رکھا تھا غم رکھا تھا
کس کو پرواہ تھی اور کس میں یہ دم رکھا تھا　　ہم نے جب وادیٔ غربت میں قدم رکھا تھا
دُور تک یادِ وطن آئی تھی سمجھانے کو

اپنا کچھ غم نہیں لیکن یہ خیال آتا ہے — مادرِ ہند یہ کب تک یہ زوال آتا ہے
دیش آزادی کا کب ہند میں خیال آتا ہے — قوم اپنی یہ تو رہ رہ کے ملال آتا ہے
منتظر رہتے ہیں ہم خاک میں مل جانے کو

میکدہ کس کا ہے یہ جام و سبو کس کا ہے — وار کس کا ہے مری جان یہ گلو کس کا ہے
جو بہے قوم کی خاطر وہ لہو کس کا ہے — آسماں صاف بتا دے تو عدو کس کا ہے
کیوں نئے رنگ بدلتا ہے تو تڑپانے کو

بات تو جب ہے کہ اس بات کی ضد ٹھانیں — دیش کے واسطے قربان کریں سب جانیں
لاکھ سمجھائے کوئی ایک نہ اس کی مانیں — کہتا ہے خون سے مت اپنا گریباں سانیں
ناصحا آگ لگے اس ترے سمجھانے کو

دردمندوں سے مصیبت کی حلاوت پوچھو — مٹنے والوں سے ذرا لطف شہادت پوچھو
چشم مشتاق سے کچھ دید کی حسرت پوچھو — کشتۂ ناز سے ٹھوکر کی حلاوت پوچھو
سوز کہتے ہیں کسے پوچھو تو پروانے کو

نہ میسر ہوا راحت سے کبھی میل ہمیں! — جان پر کھیل کے بھایا نہ کوئی کھیل ہمیں
ایک دن کو بھی نہ منظور ہوئی بیل ہمیں — یاد آئے گا علی پور کا بہت جیل ہمیں
لوگ تو بھول ہی جاوینگے اس افسانے کو.

اب تو ہم ڈال چکے اپنے گلے میں جھولی — ایک ہوتی ہے فقیروں کی ہمیشہ بولی
خون سے پھاگ رچائیگی ہماری ٹولی — جب سے بنگال میں کھیلے ہیں کنہائی ہولی
کوئی اُس دن سے نہیں پوچھتا برسانے کو
نوجوانوں یہی موقع ہے اُٹھو کُل کھیلو — خدمتِ قوم میں آئیں جو بلائیں جھیلو
پھر ملے گی نہ یہ ماتا کی دعائیں لے لو — قوم کے صدقہ میں ماتا کو جوانی دیدو
دیکھیں کون آتا ہے. ارشاد بجالانے کو

غزل (چکبست)

اُنھیں یہ فکر ہے ہر دم نئی طرزِ جفا کیا ہے — ہمیں یہ شوق ہے دیکھیں ستم کی انتہا کیا ہے
گنہگاروں میں شامل ہیں گناہوں سے نہیں واقف — سزا کو جانتے ہیں ہم خدا جانے خطا کیا ہے
یہ رنگِ بیکسی رنگِ جنوں بن جائیگا غافل — سمجھ لے یاس و حرماں کے مرض کی انتہا کیا ہے
نیا بسمل ہوں میں واقف نہیں رسمِ شہادت سے — بتادے تو ہی اے ظالم تڑپنے کی ادا کیا ہے
چمکتا ہے شہیدوں کا لہو پردہ میں قدرت کے — شفق کا حسن کیا ہے شوخیِ رنگِ حنا کیا ہے
اُمیدیں مل گئیں مٹی میں دورِ ضبط آخر ہے!
صدائے غیب بتلادے ہمیں حکمِ خدا کیا ہے!

بیان تحریری جو سردار بھگت سنگھ اور بی۔ کے۔ دَتّ نے سیشن جج دہلی کی عدالت میں متعلق اسمبلی بم کیس ۶ جون ۱۹۳۱ء کو داخل کیا

ہم لوگوں پر نہایت سنگین جرم لگائے گئے ہیں۔ اب مقدمہ اِس حد پر پہونچ گیا ہے کہ ہم کو صحیح واقعات بیان کر دینا چاہیئے۔

اس مقدمہ کے متعلق دو سوالات اُٹھتے ہیں۔

۱۔ اسمبلی کے اجلاس میں بم پھینکے گئے یا نہیں؟ اگر پھینکے گئے تو کیوں؟

۲۔ جو جُرم عدالت ماتحت کی طرف سے لگایا گیا ہے درست ہے یا نہیں؟

جہاں تک پہلے سوال کے پہلے حصہ کا تعلق ہے ہمارا جواب ہاں میں ہے۔ لیکن چند اشخاص نے جو چشم دید گواہ کہے جاتے ہیں غلط بیانی کر کے اپنے کو جھوٹا ثابت کیا ہے۔ جو کچھ ہم نے کیا اُس کو ہم چھپانا نہیں چاہتے اور ہم لوگوں کے بیان سے ٹھیک واقعات روشنی میں آجائیں گے۔ بطور مثال کے ہم بتانا چاہتے ہیں کہ سرجنٹ ٹیری کی شہادت

کہ اُس نے ہم میں سے ایک سے پستول چھینا سراسر جھوٹ ہے۔ کیونکہ جس وقت ہم لوگ گرفتار ہوئے تھے ہم میں سے کسی کے پاس پستول نہ تھا دوسرے گواہوں نے جو ہم لوگوں کو بم پھینکتے ہوئے دیکھنے کی شہادت دی ہے تعجب کی بات ہے کہ وہ ہمارے منہ پر جھوٹ بولنے سے نہ جھجکے۔ ایسی باتوں کا اثر اُن پر جو عدالتوں سے انصاف کے خواہاں ہیں" بہت بُرا پڑتا ہے۔ یہاں پر ہم اس بات کی تصدیق بھی کرنا چاہتے ہیں کہ وکیل سرکاری اور عدالت کا طرزِ عمل اس وقت تک منصفانہ رہا ؟

جہاں تک پہلے سوال کے دوسرے حصہ کا تعلق ہے ہم اُن واقعات کو کہ ایسا کرنے سے ہمارا کیا مدعا تھا اور کن صورتوں میں ہم نے ایسا کیا جس نے اب ایک تاریخی صورت اختیار کر لی ہے تشریح اور صداقت کیساتھ بیان کر دینا چاہتے ہیں۔

جبکہ ایک پولیس افسر نے "جو ہم لوگوں سے جیل میں ملنے آئے تھے" بیان کیا کہ لارڈ اروِن نے اپنے ہر دو ایوانوں کے مشترکہ اجلاس میں اس امر پر رائے زنی کرتے ہوئے کہا "کہ اسمبلی میں بم پھینکنے سے ملزموں کا منشا کسی شخص پر حملہ کرنے کا نہ تھا بلکہ محض ایک اصول کے خلاف آواز

اٹھانی تھی" ہم کو صاف طور سے معلوم ہوا کہ اس سانحہ کا مدعا ٹھیک ٹھیک سمجھا گیا ہے۔

ہم ہر ایک انسان سے محبت کرنے میں کسی سے بھی کم نہیں ہیں اور ہم نے کبھی کسی شخص کا بُرا نہیں چاہا۔ ہم انسانی زندگی نہایت متبرک سمجھتے ہیں۔ ہم ہرگز کسی پر بزدلانہ حملہ کرنے کے مجرم نہیں جس سے ہم اپنے ملک کے لئے باعث شرم ثابت ہوں جیسا دیوان چمن لال نے جو اپنے کو سوشلسٹ کہتا ہے ہمارے متعلق کہا ہے اور نہ ہم لوگ پاگل ہیں جیسا لاہور کے اخبار ٹریبیون اور کچھ اور لوگوں کا خیال ہے۔

ہم ادب کے ساتھ صرف تواریخ داں ہونے کا دعویٰ کرتے ہیں اور اس کے ساتھ ساتھ ہم نے اپنے ملک کی حالت پر بھی غور کیا اور اس کے سُدھارنے کا انسانی ولولہ ہمارے دلوں میں ہے۔ ہم مکاری کو نفرت کی نگاہ سے دیکھتے ہیں۔ ہماری عملی ناراضگی اُس جماعت کی طرف تھی جس نے شروع ہی سے صرف اس بات کو ظاہر نہیں کیا کہ وہ ایک بیکار سی جماعت ہے بلکہ وہ برابر نقصان دہ ثابت ہوتی رہی جس قدر زیادہ ہم نے غور کیا اُتنا ہی ہمارا یہ خیال پختہ ہوتا گیا کہ اس کے قیام کا اصلی

مقصد یہ ہے "کہ وہ دنیا کو باشندگان ہند کی لاچاری اور اُس کو ہر طرح سے نیچا دکھلانے کی کوشش کرے"۔ یہ علامتیں ایک غیر ذمہ دار اور تشدد پسند حکومت میں پائی جاتی ہیں۔

ملک کی مانگیں جو اُن کے نمائندوں کی طرف سے پیش کی گئیں اُن کا حشر یہ ہوا کہ وہ ردی کی ٹوکری میں ڈال دی گئیں۔ کونسل کے اجلاسوں سے جو ضروری رزولیوشن پاس کئے گئے اُس اجلاس میں جو انڈین پارلیمنٹ (Indian Parliament) کے نام سے پکارا جاتا ہو وہ نہایت حقارت کیساتھ پیروں سے روند ڈالے گئے۔ وہ رزولیوشن جو دوبارہ منسوخ کئے جانے تشدد آمیز قانون اور مظالم کے پیش کئے گئے وہ بھی نہایت ذلت کے ساتھ "یہ کہہ کر کہ یہ ناقابل منظور ہیں" رد کر دئے گئے۔ مختصر یہ کہ باوجود ہماری سرگرم کوشش کے ہم یہ بات نہ سمجھ سکے کہ ایسی جماعت کے وجود کی کیا ضرورت ہے جو باوجود انتہائی شان و شوکت کے جس کا دارومدار لاکھوں غریب ہندوستانیوں کی گاڑھی کمائی پر ہے بالکل ناکارہ اور بناوٹی ہو۔ اور اس کے ساتھ ہی ساتھ ہم عوام کے نمائندوں کی ذہنیت کو بھی نہ پا سکے جو غریبوں کا روپیہ اور وقت ایسی نمائشی باتوں پر صرف کرتے ہیں

جس سے ہندوستان کی بے بسی اور لاچاری کے اظہار کے سوا اور کوئی نتیجہ نہیں نکلتا۔

یہ سب باتیں ہمارے دلوں کو بےچین کر رہی تھیں کہ ہمارا خیال مزدور جماعت کے لیڈروں کی گرفتاری کی طرف مائل ہوا۔ ٹریڈ ڈسپیوٹ بل جب اسمبلی میں پیش کیا گیا ہم اُس پر بحث سُننے اور یہ دیکھنے کے لئے کہ اس کا کیا حشر ہوتا ہے وہاں گئے اور جو کچھ ہم نے وہاں دیکھا اور سُنا اُس سے ہمارا یہ یقین اور پختہ ہوگیا کہ ہندوستان کے لاکھوں جفاکش مزدوروں کو اِس جماعت سے کوئی امید نہ رکھنا چاہئے جو بے مددگار مزدوروں کیلئے باعث غلامی اور ضرر رساں ثابت ہوئی ہو۔ آخر کار تمام ملک کے ذمہ دار لیڈر اُس توہین کے "جس کو ہم وحشیانہ اور بعید الانسانیت سمجھتے ہیں" شکار ہوئے۔ اور فاقہ کش عوام جو اپنے اولین حقوق اور مالی درستی کے لئے جدوجہد کر رہے تھے اُس سے قطعی محروم کر دیئے گئے۔

ایسا کون شخص ہوسکتا ہے جو ہم لوگوں سا دل رکھتے ہوئے ان بے زبان انتہائی محنت کرنے والے مزدوروں کو اس حالت میں دیکھ سکتا ہو! کون ایسا شخص ہے جس کا دل ان مصیبت زدہ اشخاص کو

دیکھ کر نہ روتا ہوگا جنھوں نے خاموشی کے ساتھ اپنے مالکوں کے خاطر خونِ جگر تک سے گریز نہ کیا ہو! کون اُس دردناک اور سوہان روح آواز کو روک سکتا ہے جو اِس طرح سے ہمارے سینوں میں گونج رہی ہو!

مرحوم مسٹر اس۔ آر۔ داس" جو کسی وقت گورنر جنرل کے ایگزیکیوٹیو کونسل کے مشیر قانونی تھے" کے الفاظ بخوبی یاد ہیں جو اُنھوں نے اپنے لڑکے کو ایک خط لکھتے ہوئے تحریر کئے تھے " اسمبلی میں بم اس غرض سے پھینکا گیا ہے کہ ولایت والوں کو خواب غفلت سے بیدار کیا جاوے" ہم لوگوں نے بم اسمبلی کے فرش پر محض اس خیال کو لے کر پھینکا تھا کہ ہم اپنی ناراضگی کا اظہار اس سے زیادہ بہتر طریقہ سے نہیں کر سکتے تھے! ایسا کرنے سے ہمارے دلوں میں جو آگ دہک رہی تھی اُس کا اندازہ لگایا جا سکتا ہے! اور اس کا اصلی مدعا یہ تھا کہ بہرے تک یہ آواز سن لیں اور بےخبر لوگ جملہ امور سے آگاہ ہو جائیں۔ ہم لوگوں کے علاوہ اور بہت سے اشخاص ہیں جو ہماری طرح ان باتوں سے متاثر ہوئے ہیں۔ دیکھنا سوتے ہوئے سمندر سے ایک خوفناک طوفان عنقریب اُٹھنے والا ہے! جسکی طرف توجہ دلانیکی غرض سے ہم نے ایسا کیا اور اس طرح سے ہم نے بناوٹی عدم

تشدد کے دور کا بھی خاتمہ کر دیا جس سے موجودہ نوجوانان متفق نہ تھے۔

ہم نے خیالی یا بناوٹی عدم تشدد کا نقطہ جو اوپر بیان کیا ہے اُس کی توضیح کرنا چاہتے ہیں۔ طاقت کا استعمال جب حملہ کرنے کی غرض سے ہو وہ تشدد ہے اور اس لئے وہ اخلاقاً ناجائز ہے۔ برخلاف اس کے اگر وہی طاقت جائز حقوق حاصل کرنے کے لئے استعمال کی جاوے تو حق بجانب ہے۔ کسی صورت میں بھی تشدد کا نہ ہونا ہوا میں ایک قلعہ بنانا ہے وہ نئی تحریک جو ملک میں اُٹھ رہی ہے" اور جس کی اطلاع ہم نے کر دی ہے" وہ اُنہی حوصلوں پر قائم ہے جنھوں نے گرو گوبند سنگھ۔ سیواجی۔ کمال پاشا۔ رضا خاں۔ واشنگٹن۔ گری بالڈی۔ لفائیٹ اور لینن کو مشعل ہدایت دکھلائی تھی۔ چونکہ غیر ملکی حکومت اور ہندوستان کے ذمہ دار اشخاص نے خاموشی اختیار کر رکھی تھی ہم نے اپنا فرض سمجھا کہ ایسی جگہ بم پھینکیں کہ لوگ ہوشیار ہو جائیں اور وہ پُر اثر ثابت ہو۔

اب تک ہم نے اس بات کو تبلایا ہے کہ بم پھینکنے سے ہمارا کیا مقصد تھا مگر اب ہم یہ ثابت کریں گے کہ واقعی ہمارے ارادے کیا تھے۔

"اس کی کوئی مخالفت نہیں کر سکتا کہ ہم لوگوں کو اسمبلی کے اُن

اشخاص سے جن کو معمولی چوٹیں آئیں یا کسی اور دیگر شخص سے ذاتی بغض یا عناد نہ تھا۔ انسان کی جان کی عزت جو ہمارے دلوں میں ہے وہ بیان نہیں کی جاسکتی۔ ہم بجائے کسی شخص کو ایذا پہونچانے کے یہ پسند کریں گے کہ اپنی جان تک خدمت انسانی پر نچھاور کر دیں۔ برخلاف اس کے ایک حکومت کی فوج ہزاروں اشخاص کو بلاوجہ ہلاک کر دیتی ہے۔ ہمارے دلوں میں اُن کا پورا پورا احترام ہے اور ہم امکان بھر اُس کو بچانا چاہتے ہیں۔ ہم کو اِس بات کا اعتراف ہے کہ ہم لوگوں نے اسمبلی میں بم بعد کافی غور کرنے کے پھینکا بالعوض اس کے کہ اُس پر حاشیے چڑھائے جاویں اور اُس کے دوسرے معنی پہنائے جاویں۔ بم پھینکنے سے جو نتیجہ نکلا اُس سے ہمارا مدعا صاف طور سے ظاہر ہے۔ ان بموں سے کچھ خالی بنچوں کو ضرور ضرر پہونچا اور نصف درجن سے کم اشخاص کو خفیف سی چوٹیں بھی آئیں۔ گورنمنٹ کے اکسپرٹ نے یہ رائے پیش کی ہے کہ اِن بموں سے سخت نقصان نہ پہونچنا ایک معجزہ ہے۔ مگر ہم یہ سمجھتے ہیں کہ اس کا دارومدار بموں کی ساخت پر تھا جس کی وجہ سے کسی قسم کا غیر معمولی زیاں نہیں پہونچا۔ یہ ہر دو بم خالی جگہ میں

کرسیوں اور بنچوں کے درمیان پھٹے۔ حتیٰ کہ وہ لوگ جو بم پھینکنے کے دو فیٹ کے فاصلہ پر تھے "جیسے مسٹر راؤ مسٹر شنکر راؤ اور سر جارج شسٹر" یا تو ان لوگوں کو بالکل ہی چوٹ نہیں آئی اور اگر آئی بھی تو بہت ہی خفیف سی۔ اگر ان بموں میں پوٹیشیم کلوریٹ اور پکریٹ ہوتی تو کٹھرے چور چور ہو جاتے اور بہتوں کی جانیں "جو بم پھٹنے کی جگہ سے چند گز کے فاصلے پر ہوتے" ضایع ہو جاتیں۔ اور اگر ان میں اور زیادہ طاقت کے آتشگیر مادے استعمال کیے گئے ہوتے یا ان میں چھوٹی چھوٹی گولیاں اور بھالے کے نوکدار ٹکڑے بھرے ہوتے تو اسمبلی کے ممبران کی بڑی تعداد ختم ہو جاتی۔ اگر ہمارا خیال ضرر رسانی کا ہوتا تو ہم سے نے اُس کو سرکاری بلاک میں پھینکا ہوتا جہاں بڑے بڑے لوگ موجود تھے۔ حتیٰ کہ ہمارے سامنے سر جان سائمن "جن کے کمیشن سے تمام انصاف پسند لوگوں نے بیزاری کا اظہار کیا تھا" اُس وقت پریسیڈنٹ گیلری میں رونق افروز تھے ہم اُنہی کو اپنا نشانہ بنا سکتے تھے لیکن ایسی باتوں کا خیال کبھی ہمارے دلوں میں نہیں آیا۔

ان بموں نے ٹھیک اُتنا ہی کام کیا جس کے لئے وہ پھینکے گئے

تھے اور نہ کوئی معجزہ ظہور میں آیا کیونکہ ہم نے جان بوجھ کر اُن کو ایسے مقام پر پھینکا تھا کہ جہاں سے کسی کو ضرر نہ پہونچے۔ اس کے بعد سزائیں بھگتنے کے لئے ہم نے عمداً اپنے کو پکڑا دیا تاکہ ہمارے شاہی مالکوں کو معلوم ہو جائے کہ لوگوں کو دبایا جاسکتا ہے لیکن جذبات کسی کے روکے نہیں رُک سکتے! ہم اس تاریخی واقعہ پر زور دینا چاہتے ہیں۔ لیرس ڈی۔ کیچٹ اور بیسٹلس فرانس کے انقلاب کو نہ کچل سکے۔ پھانسیاں اور سائیریا کی کانیں روسی انقلاب کو نہ روک سکیں۔ کیا آرڈیننس یا حفاظتی قوانین ہندوستان میں آزادی کے شعلوں کو دبا سکتے ہیں؟ مقدمات سازش کی بھرمار اور اُن نوجوانوں کو جو جذبات آزادی سے بے چین ہیں سخت سے سخت سزاؤں کے دینے اور ایذا پہونچانے سے انقلاب کی لہر کو روکنا امر محال ہے! اگر وقتی اطلاع پر توجہ دی جاوے تو بہت سی معمولی تکالیف دُور ہو سکتی اور بہت سی جانیں بچ سکتی ہیں چنانچہ ہم نے اس امر کی اطلاع دیکر اپنا فرض ادا کر دیا۔

عدالت ماتحت میں بھگت سنگھ سے پوچھا گیا تھا کہ "انقلاب" سے کیا مطلب ہے؟ اس سوال کے جواب میں اُس نے کہا کہ "انقلاب کا مطلب

صرف یہی نہیں ہے کہ جان لینے والے جھگڑے ہی اُس میں شامل ہوں اور نہ اُس میں اس بات کی گنجایش ہے کہ کسی خاص شخص سے کسی بات کا بدلا لیا جاوے۔ انقلاب کا تعلق بم یا پستول ہی پر موقوف نہیں ہے! انقلاب سے ہمارا مطلب یہ ہے کہ موجودہ طرز عمل جس کا دارومدار ناانصافی پر ہے تبدیل ہو جاوے۔ مزدور و کسان باوجود اس کے کہ وہ سوسائٹی کے ایک نہایت ضروری جُز ہیں مالکان سے لُوٹے جاتے ہیں اور اپنی محنت کے پھلوں اور معمولی ضروریات زندگی سے محروم کئے جاتے ہیں۔ ایک طرف غریب کسان جو ہر قسم کا غلّہ پیدا کرتے ہیں معہ اپنے متعلقین کے دانے دانے کو محتاج ہیں اور بھوکے مرتے ہیں۔ جولاہے جو دنیا کی منڈی کو کپڑا فراہم کرتے ہیں اُن کے پاس اس قدر نہیں کہ وہ اپنا اور اپنے بچّوں کا تن ڈھک سکیں! مستری لوہار اور بڑھئی جو عالیشان عمارتیں طیار کرتے ہیں ان کو تاریک اور گندی گلیوں میں رہنا مشکل سے نصیب ہوتا ہے! اُس کے برخلاف پونجی پتھ مالکان لاکھوں روپیہ اپنی آسایش اور دل کو خوش کرنے والی باتوں پر بے دریغ خرچ کرتے ہیں۔ یہ زمین و آسمان کا فرق ضرور ہے کہ ایک روز بدامنی کا باعث

ثابت ہو۔ اب اس قسم کی حالت بہت عرصہ تک قایم نہیں رہ سکتی۔ یہ صاف نظر آتا ہے کہ موجودہ نظام سوسائٹی کوہ آتش فشاں کے کنارے پر قائم ہے اور لاکھوں بھوکے ننگے ایک خطرناک پہاڑ کے کنگارے پر چل رہے ہیں۔ اگر اس تہذیب کی عمارت کو وقت پر نہ بچایا گیا تو لازمی طور سے ٹکڑے ٹکڑے ہو جاویگی۔ اس وجہ سے اس میں تبدیلی عظیم ہونے کی سخت ضرورت ہے جو شخص اس بات کو سمجھتا ہے اُس کا فرض ہے کہ سوسائٹی کو سوشلسٹ اصولوں پر قایم کرے۔ جب تک ایسا نہیں کیا جاتا اور ایک شخص کا دوسرے شخص کو لوٹنا اور ایک قوم کا دوسری قوم کو محکوم بنانا جاری ہے۔ انسانی تکالیف اور خونریزی کا خاتمہ نہیں ہو سکتا۔ تمام قسم کی باتیں مثلاً لڑائیوں کو ترک کرنا اور اطمینان اور شانتی کے راگ گانا مکاری کی باتیں ہیں۔ انقلاب سے ہمارا مطلب سوسائٹی کا وہ نظام قائم کر دینا ہے جس کے شکست ہونے کا کوئی خطرہ نہ ہو اور جس میں مفلس جماعتوں کی حکومت کا احترام کیا جاتا ہو اور جو دنیا کے میل کا باعث ثابت ہو۔ یہی ہمارا آدرش ہے اور اسی مقصد کو لے کر ہم نے مناسب اور نہایت زوردار طریقہ پر سب کو آگاہ کر دیا ہے۔ اگر اسپر بھی شنوائی نہ ہوئی اور موجودہ

طرزِ حکومت جاری رہا اور اس کی وجہ سے قدرتی طاقتوں میں جو روز بروز زور پکڑتی جاتی ہیں خلل واقع ہوا تو ایک خطرناک جنگ کا چھڑ جانا لازمی ہے جو تمام رکاوٹوں کو توڑ پھوڑ کر مزدوروں کی حکومت قائم کرنے کے واسطے ڈھونڈھ نکالے گی۔" انقلاب انسان کا نہ چھینا جانے والا حق ہے" اور "آزادی ہر ایک شخص کا پیدائشی مطالبہ ہے" مزدور اور کسان سوسائٹی کے شیرازہ کو قائم رکھنے کے لئے خاص جزو ہیں اور عوام کا راج ان کا آخری مقصد ہے۔ اس مقصد اور اعتقاد کو پورا کرنے کے لئے ہم ہر قسم کی مصیبتوں کا جو ہمیں بھگتنا پڑیں خیر مقدم کرتے ہیں! اس انقلاب کے مندر میں ہم اپنی جوانی کی آرتی اتارتے ہیں! اس ضروری مقصد کو پورا کرنے کے لئے بڑی سی بڑی قربانی کافی نہیں ہے۔ ہم اس انقلاب کے آنے کے منتظر ہیں"۔ انقلاب زندہ باد۔

نتیجہ

آپ نے بھگت سنگھ کی دکھ بھری کہانی سُن لی، قربانی و ایثار کی وہ مثال دیکھ لی جو تاریخ میں ... خال ہی خال نظر آتی ہے اور اسی کے ساتھ اُس ہمت مردانہ کی تصویر بھی دیکھ لی جس کا ذکر کہانیوں میں تو سُنا کرتے تھے لیکن آنکھوں سے کبھی نہ دیکھا تھا۔

پھر کیا یہ سب کچھ ایک شخص کی مجنونانہ حرکت تھی، کیا یہ سب عدم توازن دماغ کا نتیجہ تھا اور کیا یہ وہ باتیں تھیں جن کو سُن کر ہمیں غیر متاثرانہ طور پر گزر جانا چاہیئے۔ دُنیا کی تاریخ اٹھا کر دیکھیئے تو معلوم ہوگا کہ جن واقعات نے دفعتاً ہوا کا رُخ بدل دیا، جن حالات نے زمانہ کے اوراق اُلٹ کر رکھدیئے، وہ ہمیشہ ایسے ہی معمولی تھے، اسی طرح غیر وزنی اور سُبک سا معلوم ہوتے تھے لیکن جس طرح ایک حقیر تخم سے تناور درخت اُگ آتا ہے جس طرح بجلی کی ہلکی سی موج خرمن کے خرمن تباہ کرکے رکھ دیتی ہے، اسی طرح دنیا میں انقلابات بھی نہایت معمولی واقعات رونما ہوئے ہیں اور دفعتاً، اچانک، بالکل خلاف توقع اِدھر کی دُنیا اُدھر ہوگئی ہے ہندوستان جب دورِ غلامی سے گزر رہا ہے اور جس ظلم وستم کے ساتھ اسکی رگوں سے

خون نچوڑا جا رہا ہے، وہ کوئی تازہ واقعہ نہیں ہے۔ صدیاں گزریں کہ اس جور و استبداد کی بنیاد یہاں ڈالی گئی اور اس دوران میں معلوم نہیں ملوکیت و شخصی اقتدار کے کتنے طوفان آئے اور آریہ ورت کی لہلہاتی کھیتیوں کو تباہ کر کے چلے گئے۔

پھر جس طرح ہر چیز کی حد ہوتی ہے اسی طرح ایک قوم کے ادبار و تنزل کی بھی عمر ہوا کرتی ہے، سونیوالا کبھی نہ کبھی جاگتا ہے اور جب وہ جاگ اٹھتا ہے تو پھر اسکی بیداری زیادہ ہوشمند، زیادہ دیرپا اور زیادہ سوجھ بوجھ کی ہوتی ہے۔

پھر اسمیں شک نہیں کہ ہندوستان اب جاگ اٹھا ہے دوست دشمن کی تمیز اسمیں آگئی ہے اور وہ سمجھنے لگا ہے کہ اسکی پامالیاں کس حد تک پہنچ چکی ہیں اور اب اسے کیا کرنا ہے بھگت سنگھ کا واقعہ اسی احساس کی جیتی جاگتی تصویر ہے اور اسکی موت اسی بیداری کی زندہ مثال۔

بھگت سنگھ ایک غیر فانی سبق ہمکو دے گیا ہے، ایک کبھی نہ مٹنے والا نقش اپنے بعد چھوڑ گیا ہے اور اگر آج نہیں تو کل اسی بنیاد پر ہندوستان کی تعمیر کو قائم ہونا ہے۔ اصل چیز جو انسان کو دوسرے حیوانات سے ممتاز کرتی ہے، وہ صرف اس کا جذبۂ ایثار و قربانی ہے، اسکی بے غرضانہ نفس کشی ہے اور ایک بے لاگ احساس ملک و قوم کی خدمت گار پھر یہ جذبہ جس میں جتنا زیادہ شدید ہوتا ہے، وہ اتنا ہی

زیادہ کام کر جاتا ہے اور اسکے چھوڑے ہوئے نقوش اتنے ہی زیادہ دیرپا ہوتے ہیں۔
کہا جاتا ہے کہ انسان کے لئے سب سے زیادہ عزیز چیز اسکی جان ہے، لیکن جب قوت انفرادی حیثیت سے ہٹکر ہم اجتماعی حیثیت سے اس کا مطالعہ کرتے ہیں تو معلوم ہوتا ہے کہ یہی چیز وہاں سب سے زیادہ معمولی سمجھی جاتی ہے اور عروسِ آزادی کے رونما کے لئے انسانی خون سے بہتر کوئی چیز نہیں۔ دنیا میں ہمیشہ یہی رونما پیش کیا گیا اور کبھی ایسا نہیں ہوا کہ اس قربانی کے بعد کسی کو ناکامی ہوئی ہو۔

یقیناً دنیا میں بھگت سنگھ روز پیدا نہیں ہوتے، لیکن یہ بھی واقعہ ہے کہ جب کبھی کوئی ایک بھگت سنگھ پیدا ہو جاتا ہے تو وہ قصرِ استبداد کی بنیادیں ہلا کر رکھ دیتا ہے اور اپنے بعد ایک ایسی چنگاری چھوڑ جاتا ہے جس کو بھڑکانے کے لئے کسی تیز و تند ہوا کی ضرورت نہیں ہوتی۔

بھگت سنگھ اب بھی زندہ ہے اور ہمیشہ زندہ رہے گا۔ بھگت سنگھ ان لوگوں میں نہیں تھا جو مرنے کے لئے دنیا میں آتے ہیں، وہ موت کے پنجہ سے بہت بلند واقع ہوا تھا، وہ فنا ہونے کی حدود سے بہت باہر تھا۔ اس کی ہستی کی بقا صرف اس کی موت میں پنہاں تھی اور اس کی زندگی کی ابتدا اسی وقت سے ہوتی ہے جب سب سے پہلی مرتبہ پھانسی کا پھندا اسکے گلے میں ڈالا گیا۔

اس لئے آپ ان اوراق کو بھگت سنگھ پر آنسو بہانے کے لئے نہ پڑھیئے بلکہ اس پر تحسین کے پھول نچھاور کرنے کے لئے پڑھیئے اور کوشش کیجئے کہ قربانی و ایثار کی جو زبردست روح اپنے بعد چھوڑ گیا ہے وہ فنا نہ ہو اور ملک و قوم کی خدمت کے لئے ہم بھی اپنی جانوں کی قربانی چڑھانے سے دریغ نہ کریں

"گنجور"